乔峰·健安体系丛书

神兵利器

截拳道概念用棍模拟实战教程

李永坤 梁涛 姚冀涛 主编

人民体育出版社

图书在版编目（CIP）数据

神兵利器：截拳道概念甩棍权威教程 / 李永坤，梁涛，姚冀涛主编. --北京：人民体育出版社，2020

（乔峰·健安体系丛书）

ISBN 978-7-5009-5810-9

Ⅰ.①神… Ⅱ.①李… ②梁… ③姚… Ⅲ.①棍术（武术）—中国—教材 Ⅳ.①G852.25

中国版本图书馆CIP数据核字（2020）第090859号

免责声明

本书内容旨在为大众提供有用的信息。所有材料（包括文本、图形和图像）仅供参考，作者和出版商都已尽可能确保本书技术上的准确性以及合理性，且并不特别推崇任何技术方法、建议或本书中的其他信息，并特别声明，不会承担由于使用本出版物中的材料而遭受的任何损伤所直接或间接产生的与个人或团体相关的一切责任、损失或风险。

*

人民体育出版社出版发行
北京新华印刷有限公司印刷
新 华 书 店 经 销

*

787×1092　16开本　13.75印张　246千字
2020年11月第1版　2020年11月第1次印刷
印数：1—1,500册

*

ISBN 978-7-5009-5810-9
定价：75.00元

社址：北京市东城区体育馆路8号（天坛公园东门）
电话：67151482（发行部）　　邮编：100061
传真：67151483　　　　　　　邮购：67118491
网址：www.sportspublish.cn
（购买本社图书，如遇有缺损页可与邮购部联系）

编委会及成员简介

主　编：李永坤　梁涛　姚冀涛
副主编（特约）：马国顺　韩云剑
编委（排名不分先后）：张敏　王震　杨浩　汤建华　李金玉

动作示范：汤云超　李硕　李琦宇

主　编

李永坤

笔名乔峰，河北唐山人，1996年毕业于河北科技大学。师承多位中外功夫名家，精研中西武术、传统与现代武术。在武术研修过程中不拘泥于门派，本着科学务实的原则对传统与现代武术、中国与外国武术的相关内容进行了深入浅出的比较，是最早把异域武技资料准确翻译到国内的武术研究者之一。长期从事传统武术与现代武术的教学、研究及推广工作。早年为中国专业的武术杂志《拳击与格斗》《搏击》《武林》《武魂》等编译与撰写过大量实用搏击与自卫文章。

多年来不断与医学、康复、健身、艺术、宗教等领域相关专家、学者进行跨界学习交流，本着截拳道概念"有无"思想和"摒弃与吸收"理念，遵循精简实用、科学高效的原则，创造性地提炼总结出了天行健安武术体系，将传统武术内涵科学化、明晰化。创立携梦同行武术传媒工作室，曾应邀赴全国多地为相关企业事业单位及个人提供健安技术指导培训。

著有《菲律宾短棍精解》《险境求生　截拳道防刀训练指南》《轨迹太极　太极拳科学训练八周通》《孙氏形意拳》（人民体育出版社）等。

梁涛

自幼习武，中岳嵩山少林寺曹洞永化堂三十二代皈依弟子。中国武术协会会员，武术六段。

李小龙截拳道传人，研习少林功夫、中国跤、太极、八卦、叶问系咏春拳、李小龙截拳道、军警搏击三十余年，先后任教多家武馆院校，多次在湖北、西藏、云南、四川、湖南、安徽、厦门等地开班教学，并组队参加国内外武术大赛。

现任拳魂（厦门）体育文化传播有限公司法人代表、凤鸣堂综合武道馆拳魂讲武堂堂主兼总教练。

姚冀涛

河北省唐山市人，现居天津。2003年毕业于天津大学，2010年获中国民航大学硕士学位，现任天津中德应用技术大学副教授。

副主编

马国顺

河南省原阳人，1999年毕业于北京体育大学。武术散打六段，散打国家一级裁判，一级武士。现任湖南警察学院警务指挥与战术系教官、湖南省武术协会副秘书长兼散打搏击分会副会长、湖南省青年体育协会副秘书长。主要研究方向为格斗防卫术与散打搏击商业赛事的组织与运营。

韩云剑

山东临沂人，毕业于华东师范大学，硕士。1995年开始研习截拳道，1997年开始参与编写《截拳道世界》及包括"李小龙无敌寸拳""李小龙双截棍"在内的"李小龙截拳道秘密"系列函授、面授教程，为中国李小龙武道系统的建立、规范和完善作出贡献。

编 委

张敏

河北唐山人，中西医结合执业医师，长期从事运动养生与中医临床工作。

王震

辽宁沈阳人，沈阳仲恒教育培训中心负责人，多年来一直从事文武教育培训事业。

杨浩

江苏如皋人，华东师范大学体育与健康学院体育硕士，从事学校体育教育工作。

汤建华

江西萍乡人，中医确有专长执业助理医师，浮针一段，临床常运用浮针等针法结合传统武术动作提升康复治疗效果。

李金玉

河南周口人，河南大学民族传统体育学硕士，长期从事武术养生培训工作。

动作示范：汤云超　李硕　李琦宇

序 一

搏击，在其发展演进过程中，始终充满着人民的智慧。长期的社会实践，产生了很多神兵利器，并成就了它们各自独特的风格和特点。甩棍就是其中一种，它能伸能缩，属于防身制敌的冷兵器具。这种器械不仅在各国军警执法部门得到了普及使用，而且是个人安全防卫库中不可多得的利器。

这本《神兵利器 截拳道概念甩棍权威教程》较为全面地讲解了甩棍在自卫防身中的攻防技术，同时为了突出甩棍的自卫性能与功用，特别添加了甩棍练习中的体能训练方法和相关正当防卫的法律知识，使练习者在现实自卫中能够做到有法可依、有力可施。

这本书紧密结合习武者的教学实际，以防身自卫为目的，将正当防卫的法律知识渗透到专业教育之中，立足于当前社会发展状况，思路清晰，重点突出，既体现了"术道并重、内外兼修"的人才培养，又强调了技击文化的传承，具有科学的理论支撑、扎实的实践基础和广泛的推广应用价值。

特别推荐给习武爱好者阅读。

2020年3月10日

张忠新，男，1976年4月出生。现任河北体育学院武术系副主任。中国武术段位七段，国家级散打裁判员。

序 二

甩棍是近战制敌的有效武器，是军警遂行多样化任务的单兵作战技能，也是广大武术爱好者防身抗暴的神兵利器。甩棍训练，聚焦实战、安全高效、简单易学，集体能、技能、智能、心能修炼于一体。

《神兵利器 截拳道概念甩棍权威教程》在理解和把握了甩棍的本质和发展规律的基础上，较为全面地讲解了甩棍基本的攻击、防御与反击技法，以及在现实生活中应对不同冲突的具体实施方法。既包含了适合军警人员所需的理论知识和实战经验，也包含了适合甩棍习练爱好者所需的技、战术基础知识。

这本书的出版，不仅是作者学术水平的一次升华，更重要的是对军警格斗教学与训练的一个贡献，必定会受到广大读者的欢迎。

丁勤德

2020年2月20日

丁勤德，男，1970年出生，江苏东台人。现任中国人民解放军国防科技大学军事搏击教官，特种兵出身，荣立三等功六次，全国群众体育先进个人，从事军事格斗教学和研究31年。

序 三

甩棍，是军警用械，在国内属管制物品，不过民间做相关学术研究并不为错。律法上对特定器具的管制，其本质是对个体行为的约束。相关国内外军警功夫的学术出版物在社会上公开发行的不在少数，民间的习练者也是大有人在，只要遵纪守法是没有问题的。

作为从业于功夫/搏击培育推广项目的一名资深人员，我仅从个人的角度对这本《神兵利器 截拳道概念甩棍权威教程》予以点评。

第一点，全面性。国内外相关甩棍书籍，多以突出技法、技术为内容特征。与之相较，本书从甩棍整体历史发展、个体的购置保养到训练致用及法律法规诸多方面都有涉及，极具全面性。

第二点，细致性。这主要表现在两方面，一是在内容的阐述上，追根溯源，深入浅出，没有泛泛之谈；二是做多角度、多图解示范，有利于读者学习训练。

第三点，实用性。这本教程以实用为本，没有花哨取巧的内容。教程的前半部分着重于甩棍相关项目的学术阐述，以此启动后半部分技术、技法内容；教程的后半部分突出整体教程的自卫安防实用主旨。

第四点，整合性。甩棍本是长短武器的整合体，其技战术的练用无疑也是在长短武器技术、技法上选择与运用。这本教程在突出原本武器性能整合的基础上，同时借鉴国外军事经验把时钟定位概念纳入其中，如此更提高了实用效率。

总之，作为民间学术团队研究成果的这本《神兵利器 截拳道概念甩棍权威教程》，是一本既具学术性又具实践性的行业专著，对于自卫术爱好者、冷兵爱好者甚至是军警执法人员都是相当不错的参考书籍。这本教程集军警格斗、防身自卫于一体，很适合广大武术爱好者习练。好书不能错过！非常值得推荐！

张祖才

2020.3.13.

张祖才，湖北江陵人，毕业于武汉体育学院，健将（武英）级运动员。现任湖南省武术协会副秘书长、散打搏击分会副会长，自1999年开始至今一直参与、组织、推广武术散打搏击比赛。20多年间为社会培养出了多名专业运动员、教练员、裁判员、军人、警察等优秀的专业性人才。

序 四

真正甩棍技战术是直面实战的核心技术，《神兵利器　截拳道概念甩棍权威教程》即是一本承载了真正甩棍实战技战术的专著。

这本教程内容既包含了实战应用技术，同时又涉及了甩棍的历史发展及形制分类等非常规内容，是国内外少有的较为完备的甩棍训练教程。

关于甩棍技战术，教程从多角度、多层面阐述了甩棍这一特殊安防器械的练与用及注意事项。这有异于国内相对流行的甩棍套用散打技术的模式。此中，无论是整体的观念，还是具体的细节，讲解得都相当到位，且都是从实践中获得的真知。

教程中相关的甩棍非常规内容很是翔实，具有弥足珍贵的学术价值。原因是很多甩棍研究人员都不愿意花大把精力去做这个看似费力不讨好的工作，然而这些却是完整甩棍项目不可或缺的部分。

普通民众可以参照这本教程来进行抗暴自卫训练，当然也适于军警及其他执法人员的训练参考。需要特别说明的是，在使用器械防身当中不得违反法律法规的规定。相关法律的解说在教程中也有针对性的解说，大家一定不要忽略这部分内容。

2002年3月13日

赵志强，山东菏泽人，研究生，毕业于北京体育大学。原中国武警特种警察学院教务处副团职参谋、副教授、技术八级、上校警衔。现在北京市监狱管理局工作。国家级武术散打裁判员，曾6次荣获国际国内武术散打格斗冠军。多年从事教学管理、特警格斗教学训练、野外综合演练等，参加武警部队与俄罗斯内卫部队联合训练等军事科目表演汇报60多场次，参加国庆60周年大阅兵安保任务，参加第29届奥林匹克运动会武术散打赛事裁判工作。发表多篇军事理论论文并获奖，著有《特警格斗训练教程》《格斗技能教程》《格斗应用制敌》等多部教材。

序 五

认识的朋友当中，有很多习武之人。但，鲜有像乔峰老师这么执着的，研究这么深入、涉猎如此广泛的，更是少之又少。在经济社会专注相对冷门的武术，选择之初就要有一颗甘于平凡的心。乔峰老师不是不懂。难能可贵的是，他懂得也执着，且是不改初衷、无怨无悔的执着！

乔峰老师不满足只作一个习武者。在武功不断精进时，他开始静下来思考。从开始的琢磨如何发挥最大攻击力击倒对手，到跳出圈外思考如何让武术及其精神理念发扬光大。在武术这条路上，乔峰老师跨出重要的一大步。

侠之大者，为国为民。

习者，思考者，传播者，是对武术理解的逐步加深，也是精神境界的不断飞跃。乔峰老师用他多年的沉淀与思考，完成武者到侠者的转变。

金庸先生的《天龙八部》里，就有北乔峰、南慕容一说。熟读金庸武侠小说的人都知道，老先生讲的每一个人名、每一处地名、每一个武术招式总是赋予一定深意。凡习武之人，又称"峰"者，一定是武功独步天下又志向千里的人。

相信，在乔峰老师的带动下，不仅会有更多的人习武强身，也会有更多的人会为国粹的生生不息而不懈努力。

张立学

2020年3月14日

张立学，先后服役于原沈阳军区某部侦察连，后赴特种兵学院（前身是解放军国际关系学院特种分队作战与指挥系）学习。毕业后，到某军区特种部队继续服役，任特种作战营空降主任。军旅生涯18年，现在广州市直机关工作。

突破形式束缚 力求高效实用

李永坤

我个人是李小龙截拳道概念思想的忠实拥护者和坚定执行者，多年来一直驰行于运动健身与功夫防身的学术探索道路之上。此间，除了向前辈师长谦虚学习诚恳求教外，更多的是把大量时间花在健康——安防项目的深入探究与实践推广中。虽然在行业内没有什么特别突出的建树或成绩，甚至还曾招致来自某些阵营团队的敌视和诋毁，不过，行道之人，不愁同路。当看到"天行健安"体系的实践者在短时间内收获了健康、提高了自己安防应对能力的时候，我由衷地感到自己的努力付出很有价值，负面影响对于我来说已是微不足道。不断地突破各种形式的束缚与羁绊，专注于学术研究与成果推广，使实践者得到更多的良好体验，强化个体能够正常参与社会活动的前提，即健康的身体和对不测（暴力攻击）的应急能力，是我们"天行健安"体系的根本宗旨所在。

甩棍，也称伸缩短棍，是世界范围内非常流行的防身制敌的冷兵器具。其不但在各国或区域的军警执法部门得到了普遍使用，而且是个人安全防卫武库中的神兵利器。究其原因，与其形制及负载技术相关——套叠式伸缩结构利于随身携带，不易为外人发觉；长短（短棍与短刀）技术结合，令实践者如虎添翼。如果实践者熟练于甩棍技术的运用，与徒手之敌肉搏时，一棍在手做到所向披靡也不是不可能的……

这本甩棍教程，以甩棍构造与形制为基本点，从闭合的掌棍（也称袖棍、酷巴藤等）到出棍、到伸展开来的短棍三个不同形态出发，较为全面地讲解了甩棍在自卫防身中的攻防技术；内容涉及甩棍基本的攻击、防御与反击技法，以及在现实生活中应对不同冲突的具体实施方式方法。同时为了突出甩棍的自卫性能与功用，本教程特别补充了甩棍练习中的身体素质内容，即体能训练项目及相关正当防卫的法律知识，使得实践者在真实自卫中做到有法可依、有力可施。

本教程突破了常规教材那种战例罗列式技术教学模式，极具实用特点。

（1）甩棍技术源于实践，回归实用。本书所涉及的所有技术源于两个方面，一是截拳道概念冷兵短棍、短刀技术，二是借鉴了国外安全防卫专家的甩棍实践经验。此类甩棍技术的源头都是被实践证明了的精简、高效的实战之术，所以本教程的甩棍技术以实用为本，别除了所谓的"花色"套路。

（2）课程教学理技相合。区别于大众化的单纯的列举式教学，本书讲解以基本原理阐述与技术传授相结合方式为主，易于接受，便于学习掌握。其理论对现实生活中的自卫有很强的指导性，实践者在深入了解、掌握本质原理的基础上，稍加变通，即可以应对众多实际冲突。

（3）教程内容涵盖范围广。从甩棍发展历史到基本武器结构，再到实战应用指导，从民用安防到专项警军应用均有所涉及。需要指出的是，本教程以民用安防技术为主体，更适于普通民众训练之用；当然，也可供执法人员参考之用。

甩棍教程看似技理罗列组合，实则其中别有内涵所在。截拳道概念思想最重要的是"有无理论"，即"吸收有用的，别除无用的，创造适合自己的"理论，这正是我们天行健安体系进步发展的出发基点，也是实现"突破形式束缚力求高效实用"目标的实际途径所在。

这本书的创作团队成员大都不在与选题对应的行业之内，夸张地说，是行业外人做了行业内人的事，或者说是业余做了专业的事。虽然在国外某些军警执法部门为了提高专项的能力向"社会上"的行家里手寻经问道已是经常之事，但是目前在国内出版这样一本"特别"教程还是有诸多困难的。真心地讲，我们只是想将多年的研究与实践呈现出来，为社会奉献一本较为完备的实用防身教程，希望可以得到读者的认可与支持。

最后，我们祈盼这本教程能够给广大读者和实践者带来或多或少的益处。

目　录

第一章　甩棍基本知识 …………………………………………（1）

 第一节　甩棍的产生与发展 ……………………………………（1）
 第二节　甩棍的种类与结构 ……………………………………（3）
 第三节　甩棍的材质分析 ………………………………………（7）
 第四节　甩棍的规格说明 ………………………………………（11）
 第五节　甩棍的配件及其功用 …………………………………（15）
 第六节　甩棍的选购建议 ………………………………………（20）
 第七节　甩棍的暴力测试 ………………………………………（22）
 第八节　甩棍的日常保养 ………………………………………（27）

第二章　甩棍使用入门 …………………………………………（29）

 第一节　甩棍使用合法性讨论 …………………………………（31）
 第二节　甩棍的携带方法 ………………………………………（32）
 第三节　甩棍的出棍与开棍 ……………………………………（36）
 第四节　甩棍尾绳用法 …………………………………………（42）
 第五节　甩棍的收棍方式方法 …………………………………（44）

第三章　甩棍攻防基础 …………………………………………（46）

 第一节　避战以求自保 …………………………………………（46）
 第二节　人体要害部位说明 ……………………………………（48）
 第三节　持棍对敌姿势 …………………………………………（51）
 第四节　安全出棍开棍 …………………………………………（55）

第五节　居合出棍开棍 …………………………………（57）

第六节　基本步形步法 …………………………………（59）

第四章　甩棍攻击技术 ……………………………………（69）

第一节　攻击技术概论 …………………………………（69）

第二节　细解开棍劈技 …………………………………（72）

第三节　开棍后的其他攻击技法 ………………………（80）

第四节　开棍后的非常规攻击法 ………………………（85）

第五节　闭合甩棍攻击法 ………………………………（97）

第六节　攻击技术训练方法 ……………………………（101）

第五章　甩棍防御技术 ……………………………………（107）

第一节　格挡防御 ………………………………………（107）

第二节　格移防御 ………………………………………（114）

第三节　其他防御技术 …………………………………（120）

第四节　防御技术训练方法 ……………………………（122）

第六章　甩棍防反技法 ……………………………………（123）

第一节　械斗法门 ………………………………………（123）

第二节　对攻——截击 …………………………………（124）

第三节　触防——回击 …………………………………（131）

第四节　得手——追击 …………………………………（133）

第五节　防反训练方法 …………………………………（137）

第七章　甩棍缠斗技术 ……………………………………（139）

第一节　擒摔合一 ………………………………………（139）

第二节　针对上肢的缠斗技 ……………………………（141）

第三节　针对颈部的缠斗技 ……………………………（165）

第四节　针对躯干的缠斗技 …………………………………（171）
第五节　针对下肢的缠斗技 …………………………………（172）
第六节　持棍摔法细解 ………………………………………（174）
第七节　地面缠斗技 …………………………………………（178）

第八章　特质培养训练 …………………………………（183）

第一节　心理素质强化 ………………………………………（183）
第二节　身体素质训练 ………………………………………（186）
第三节　基本应对模式训练 …………………………………（187）

补遗　此书已经达到警用器械专业教材水平 …………………（193）

后记 …………………………………………………………………（195）

第一章　甩棍基本知识

甩棍在国外被称为"Telescopic Baton"（伸缩短棍）、"Collapse Baton"（折叠短棍）或"Expandable Baton"（可扩展短棍）。"Telescopic"一词源自"Telescope"（望远镜），毋庸置疑这形象地表达出了甩棍的结构特点——就像传统的单筒望远镜那样，收起时是一根20厘米左右的短棒，便于携带；打开时长度延长几倍，变成一根半米多长的短棍。当然，这个结构也类似于古老的黑白电视机的室内天线。本章节我们将简要地介绍一下甩棍的历史发展、种类结构等相关的常规知识内容。

第一节　甩棍的产生与发展

甩棍最初是警用击打武器"棍"的一个派生品，与历史悠久的警棍比较，其只有不足百年的历史。因此甩棍是注定伴随着"警棍"的发展历程一路走来。在过去的几十年间，世界各国越来越多的执法部门已经开始选用甩棍作为标配，同时不同国家的民众也开始把甩棍用作自卫工具来武装自己。

早在20世纪初，警棍已经陈列在爱丁堡警察中心博物馆。

在维多利亚时代，伦敦的警察佩带着大约一英尺长的叫做Billy的本质警棍。不过这个词语在1848年首次却被用作俚语记录为窃贼撬棍的意思，而"警察棍棒"的意思则记录于1856年。这种警棍采用硬木制成，打击时会产生剧烈的疼痛感，但比较后来出现的钢质棍所造成的伤害却又小得多。

世界上第一根伸缩式警棍"Zippo"由德国人在20世纪40年代发明，其手柄内装有钢质弹簧，头部则装有钢球，类似现在的弹射式警棍，打击威力非常大。不过这种伸缩的棍棒在二战后基本上就销声匿迹了。

20世纪五六十年代继续盛行传统一体型警棍，其材质从硬木到聚碳酸酯类有机物乃至金属等种类繁多。这类警棍的优点可以归纳为用法简单，制服嫌犯快速而有效；缺点是基于其长度的原因，携带不方便，警员在步行巡逻时警棍挂在腰间经常与腿部擦碰。

到了20世纪七八十年代，则成了Monadnoc（Monadnock Lifetime Products，

神兵利器　截拳道概念甩棍权威教程

Inc是一家武器制造商，自1958年以来一直为执法和私人保安公司提供设备，Monadnock生产警棍手铐产品，该公司是Safariland，LLC旗下的子公司。）著名丁字拐（也称T形拐）PR24的光辉岁月。PR24堪称现代T形拐的鼻祖，采用聚碳酸酯铸造，是所有后续仿制品的模板。T形拐的戳击、杠杆手法和控制技术都深深赢得了警员们的亲睐。然而T形拐也有自身的缺点，诸如体积巨大，需要专门的培训，训练方法也比较复杂，戳击耗费体力较大。虽然击打力度很大，但打击效率与甩棍比稍差。

80年代可伸缩式棍棒陆续又在一些国家中出现，比如日本和韩国，继承了德国产品的遗志，推出了改良的自动弹射伸缩棍与非动力弹射的阻力闭锁甩棍，不过没有引起足够的反响。

到了20世纪90年代，阻力闭锁甩棍的代表品牌"ASP（Armament Systems and Procedures，Inc.）"杀入江湖。才真正确立了阻力闭锁甩棍在市场中的大发展。阻力锁定型甩棍的优点是：携带方便、结构简单、故障率低。收起携带时在巡逻中不会碰到膝部。其缺点是：甩棍的重量主要集中在手柄上而不是在打击部分；因质量不足的原因需多次打击才能制服嫌犯；棍子因质量不够而易弯；因锁定不足导致意外解锁；因热处理原因导致棍子在接口处断开；必须通过在地上反复敲击方能收棍。

鉴于ASP甩棍锁定性差的原因，竞争对手Monadnock推出了机械锁定的"Positive Stop"2节甩棍。其优点是：不会在中间解锁；解锁通过按钮实现。其缺点是：两节在棍套里显得较长；在接口处要承受的力更大，容易弯曲或折断。

此间也出现其他机械锁定和结构特殊的棍子，比如"PASS－CON"和"Handler－12"。但这些棍子需要很多的培训才能有效地使用，携带起来颇为累赘。

在2000年时，Monadnock推出了自动锁定棍。其优点是：三节的机械闭锁结构使得收棍和携带更为方便。其缺点是：机械故障增多；最重要的是打击力度还不如阻力锁棍子，其原因是机械闭锁的结构重量导致重心更加靠后，可作用于棍身的质量更低。为弥补击打质量的不足，Monadnock方面通过配置大型的PST加重棍头来增强击打力，通过改变重心和前端质量，在重心与击打力提升方面取得了不错的效果。而这种高力度击打棍头的英文名词竟然叫作"超级安全棍头"。

2001年，PPCT公司推出了重量为7盎司的"Phoenix"火凤凰聚酯塑钢甩棍，重量轻是其最大的优点，非常适合便衣侦探随身使用。但是其质量和重量的缺乏也大大限制了打击力度与强度。

时至今日，国内外甩棍的品牌与种类得到了极大丰富与发展。

第二节　甩棍的种类与结构

为了保持较好的伸缩比（即伸展长度和收缩长度之比）和适当的直径，甩棍通常为三节（图1-2-1），为了便于讨论，本书统一一下名称，将三节甩棍中最细的一节称为首节，将最粗一节称为手柄，将中间的一节称为中节。除了三节甩棍之外，尚有两节甩棍如Monadnock的AutoLock Jr甩棍（图1-2-2）和四节甩棍如国产860磁吸式甩棍（图1-2-3）。与三节甩棍相比，两节甩棍的伸缩比相对较低，同样的伸展长度下，收缩长度比三节甩棍要长很多，而四节甩棍虽然伸缩比较高，但是最细节的直径相对要细一些。

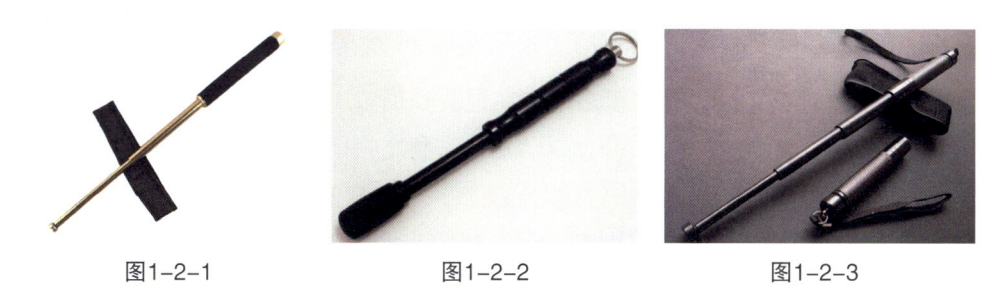

图1-2-1　　　　　　　图1-2-2　　　　　　　图1-2-3

虽然甩棍品牌很多，但总体来说，根据伸展状态下的闭锁方式不同，市面上的甩棍从结构上可以分为两大类：摩擦闭锁式甩棍和机械闭锁式甩棍。所谓摩擦闭锁式甩棍，即没有锁定机构，出棍后依靠摩擦阻力实现锁定的甩棍，根据具体结构的差异又可以分为钢卡式、磁吸式和自弹式等。机械闭锁式甩棍则是出棍后依靠机械机构实现锁定的甩棍，根据收集到的资料来看，目前机械闭锁式甩棍的主要种类有四种，即滚珠式、凸轮式、杠杆式和卡销式。甩棍结构分类如图1-2-4所示。

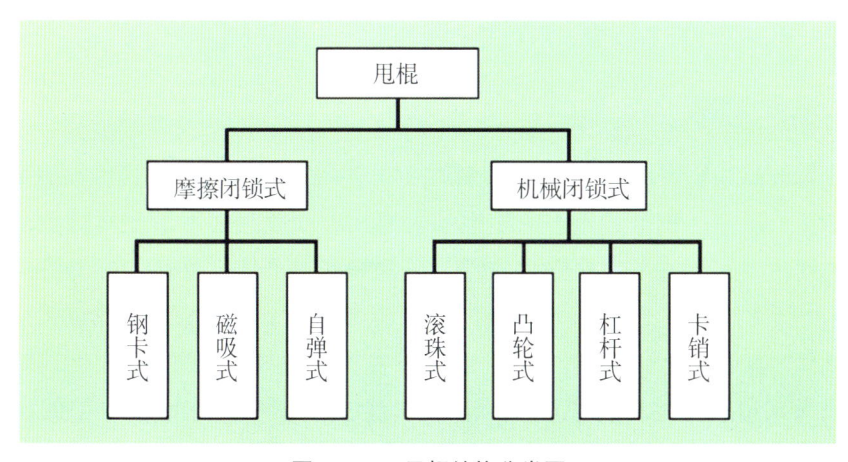

图1-2-4　甩棍结构分类图

一、摩擦闭锁式甩棍

由于工艺简单，价格相对低廉，所以摩擦闭锁式甩棍始终在甩棍家族中占据着主导地位。国内外绝大多数品牌均以生产摩擦闭锁式甩棍为主，即便是Monadnock等以机械闭锁式甩棍闻名的品牌也有摩擦闭锁式甩棍出品。摩擦闭锁式甩棍展开时依靠节与节之间的锥形重合部位的摩擦阻力实现锁定。根据收棍状态下的锁定方式不同，摩擦闭锁式甩棍大体又可分为以下三类：

1. 钢卡式甩棍

市面上绝大多数甩棍都采用这种结构。钢卡式甩棍的组成部分包括棍头、首节、中节、柄节、钢卡和尾盖（图1-2-5）。另外，很多甩棍在棍头和柄节的螺纹根部会分别增加一个胶圈，以防止棍头和尾帽滑脱。

图1-2-5

钢卡式甩棍中的钢卡位于尾盖和柄节之间，由一个底托和一个对折起来的簧片组成。在收缩状态下，钢卡的簧片会撑在首节的内壁，提供一个摩擦阻力，使棍节不会自己滑出。出棍时，首节会获得一个加速度，克服簧片与内壁之间的摩擦力，向外冲出。除了这种簧片式钢卡之外，还有一些品牌会以钢丝替代簧片，如美国RCB甩棍（图1-2-6）。

图1-2-6

钢卡式甩棍的优点是结构简单，易于拆卸维护，部件易于更换，钢卡可以调节松紧。缺点是时间长了钢卡会失去弹性，不过却是可以很方便地更换，而且由于钢卡和尾盖之间有空隙，所以晃动时会发出一些响声。

2. 磁吸式甩棍

代表产品为国产800系列（已经停产）。磁吸式甩棍与钢卡式甩棍的主要不同之处在于尾帽。钢卡式甩棍的尾帽为内螺纹，而磁吸式甩棍的尾帽则为外螺纹，并且在中间镶嵌了一块强力磁铁，在收缩状态下依靠磁铁的磁力将首节吸住，防止其滑出。在出棍时，给首节施加一个加速度，令其克服磁铁的吸引力，向外冲出。

磁吸式甩棍的主要优点是可以提供一个持续不变的，比较适中的出棍阻力，不像钢卡式甩棍那样需要定期调节钢卡的松紧和更换钢卡，另外由于没有了钢卡，晃动时发出的响声要比钢卡式甩棍小很多。但是，其缺陷也是非常明显的，最主要的有两点：一是由于磁性很强，所以不能与手机、手表、磁卡等物品放在一起；二是由于尾帽多了一块磁铁，厚度加大了很多，在伸展长度相同的情况下，它的收缩长度比钢卡式甩棍要长一截，也就是说，与钢卡式甩棍相比，磁吸式甩棍的无效长度较大。

3. 自弹式甩棍

这种甩棍的收棍方式与普通的摩擦闭锁式甩棍相同，但是开棍则不需要用力甩出，只需按动开关，棍子就会迅速弹开。自弹式甩棍的结构并不复杂，这种棍子首节的根部有一圈凹槽，在收缩状态下，手柄上的卡子会卡在凹槽内，出棍时按下手柄上的机构，卡子抬起，棍子内部的强力弹簧就会把前两节弹出。

自弹式甩棍最主要的优点在于提高了开棍的成功率，不会像其他的摩擦闭锁式甩棍那样一旦展棍动作不正确或用力不足就会导致开棍失败，而且在比较狭小的空间中也可以完成开棍，另外棍子弹开时速度很快，会给对方心理造成一定压力。不过它的缺点也很明显，一是手柄多出了一个开关，严重影响握持的舒适度，二是这种甩棍一般是国内一些小厂生产的，很难找到质量比较好的产品。

二、机械闭锁式甩棍

由于摩擦闭锁式甩棍具有收棍不便和锁定可靠性不高的先天缺陷，所以随着甩棍技术的发展和实践者需求的提高，机械闭锁式甩棍便应运而生了。机械闭锁式甩棍克服了摩擦闭锁式甩棍的缺陷，一方面，它可以通过机械锁定装置轻松的完成收棍，解决了摩擦闭锁式甩棍甩出容易收回难的问题；另一方面，机械闭锁式甩棍一经展开，除非通过特定的机构进行收棍操作，否则无法解除锁定，从而极大的提高了锁定的可靠性。但是这类甩棍也同样存在缺点，一是由于打开后连接部分并不像摩擦闭锁式甩棍那样紧密接触，所以节与节之间可能会有轻微的晃动，整体性不如摩擦闭锁式甩棍；二是由于尾帽中装有锁定机构，增加了厚度，所以与磁吸式甩棍一样，无效长度较大。目前主流的机械闭锁式甩棍大致有以下四种：

1. 滚珠闭锁式甩棍

这种甩棍最早是由美国Monadnock公司开发的，应该是机械闭锁式甩棍家族中资格最老的成员了。滚珠闭锁式甩棍与摩擦闭锁式甩棍的不同之处在于尾帽上有一个收棍用的按钮，另外棍头不是像摩擦闭锁式甩棍那样缩在手柄里面，而是突出在外边。滚珠闭锁式甩棍依靠内部的滚珠实现锁定，开棍时既可以像传统的摩擦闭锁式甩棍那样甩出，也可以选择用手捏住突出的棍头将棍子拉开——在空间狭小的情况下这种出棍方式是非常实用的，锁定到位时会听到"咔哒"一声。收棍时只需按住尾帽上的按钮就可以轻松将棍收回。国内曾经有厂家生产过类似的产品，但是做工要差一些，出棍收棍都不是很顺畅。

这种甩棍的锁定机构主要由五个关键要素组成：嵌在首节和中节根部的滚珠，中节和手柄前部内壁上的凹槽，首节和中节后端的凸轮，尾帽上的按钮以及连接按钮和凸轮的轴杆。在收棍状态下，滚珠处在凸轮较细的部分，完全隐藏在棍节之中。出棍过程中，在到达凹槽位置时，凸轮会受到弹簧的推动，将滚珠向外挤出，卡在凹槽内。在出棍状态下，凸轮较粗的部分会牢牢顶住滚珠，提供极高的锁定可靠性。收棍时，按住尾帽上的按钮，与之相连的轴杆就会向前推动凸轮，此时只需轻按甩棍的棍头，滚珠就会落回最初的位置，顺利将棍收回。

2. 凸轮闭锁式甩棍

这种结构的甩棍以德国Bonowi公司出品的EKA Camlock为代表，"凸轮闭锁"这个术语就是从Camlock直译过来的。其外观特点与滚珠闭锁式类似，也是在

图1-2-7

尾帽上有一个收棍用的按钮，棍头也同样凸出在手柄之外，以便于可以直接用手将棍子拉开。Camlock凸轮闭锁式甩棍的外观如图1-2-7所示。

这种甩棍的锁定机构组成部分主要包括：首节和中节末端的两个锁定轮，尾帽上的按钮以及与按钮连在一起的可伸缩的两节轴杆。轴杆的每一节都有一个比较大的杆头，在伸展状态下，杆头会向后推动锁定轮的内缘，使其外缘向外扩张，卡在棍节内壁的凹槽内，提供可靠的锁定。收棍时，只要按住尾帽上的按钮，杆头向前运动，撤掉施加在锁定轮上的推力，锁定轮就会恢复原状，外缘向内收缩，于是棍子便可轻松收回了。

3. 杠杆闭锁式甩棍

随着机械闭锁式甩棍越来越受到广大实践者的关注，美国ASP公司也推出了一种机械式甩棍，并将其定名为"Leverloc"，即我们所说的杠杆闭锁式甩棍。这种甩棍的外观与摩擦闭锁式的ASP甩棍极为相似（图1-2-8），区别只是收缩长度略长，节与节之间的连接处为阶梯型，另外，打击头可更换为加长打击头，

以提供手拉出棍方式。Leverloc甩棍的尾帽上并没有按钮，这是因为它的收棍方式与我们前面提到的两种机械闭锁式甩棍不同，需要通过逆时针旋转棍节来完成收棍。这种收棍方式相对前两种来说要复杂一点，但是对于使用来说影响并不大。

图1-2-8

杠杆闭锁式甩棍的组成结构如（图1-2-9）所示。在收缩状态下，装在首节上的锁止杆会卡在尾帽上的琴用钢丝锁止环内，防止棍节滑出。出棍时，锁片在棍子伸展到位时会向外撑开，卡在锁定槽内，同时止动管会顶在棍节的缩口部位，使棍子牢牢锁住。收棍时，逆时针旋转棍节，棍节的末端会向后推动锁片，迫使其向中间收拢，即可将棍子收回。

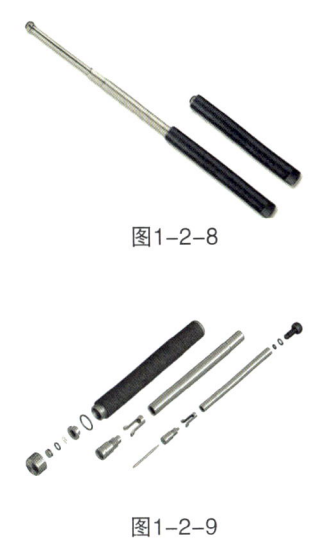

图1-2-9

4. 卡销闭锁式甩棍

行内也有人称之为"节点闭锁式甩棍"。在机械闭锁式甩棍家族中，这种甩棍的结构相对比较简单，与雨伞杆非常相似。这种棍子首节和中节的根部分别有一个卡销。开棍到位时，卡销在内部弹簧的作用下会自动弹出，将棍子锁住。收棍时，按下首节的卡销即可将棍子收回。

第三节　甩棍的材质分析

作为甩棍的实践者，我们有必要全面了解自己手中的工具。所以在了解了甩棍的基本种类结构之后，让我们再来认识一下甩棍的材质。制作甩棍的材质主要包含两大类，一类是钢材，另一类是轻型材料，具体特性分述如下。

一、钢材

随着甩棍的发展，各种合金及复合材料逐渐登上了甩棍的"历史舞台"，但是由于本身特性的限制，这些材料并不能占据主流地位，甩棍的材质仍以各种钢材为主，国内外甩棍采用的钢材主要有以下几种：

1. 45号钢

45号钢是一种优质碳素结构用钢，硬度不高，易切削加工，调质处理后具有良好的综合机械性能，广泛应用于各种重要的结构零件，特别是那些在交变负荷下工作的连杆、螺栓、齿轮及轴类等。但是45号钢是一种中碳钢，淬火性能并不好，可以淬硬至HRC42~46。如果需要比较高的表面硬度，同时又希望发挥45号钢优越的机械性能，常将其表面渗碳淬火。目前国内大多数甩棍均采用此种钢材。

2. 65锰钢

65锰钢属于弹簧钢，具有硬度高、淬透性好、表面脱碳倾向小、切削性好等优点，经热处理后的综合力学性能优于碳钢，但它有过热敏感性和回火脆性。65锰钢用途广泛，可用作小尺寸各种扁、圆弹簧、座垫弹簧、弹簧发条，也可制作弹簧环、气门簧、离合器簧片、刹车弹簧及冷拔钢丝冷卷螺旋弹簧，在汽车业、电子业、火车等交通运输工具上用量很大。它还可制造圆锯片，用以高速切削各类型钢、钢管和钢筋。国产GAS甩棍曾使用过这种钢材。

3. 4140钢

4140是美国牌号，国内玩甩棍的朋友应该都很清楚，这种合金结构钢是美国ASP甩棍的主要材料。4140钢属中等淬透性钢，热处理后具有良好的强度和综合力学性能，工艺性好，成材率高。4140钢的强度和淬透性高，韧性好，淬火时变形小，高温时具有比较高的蠕变强度和持久强度。这种钢材主要用于制造强度较高、调质截面较大的锻件，如机车牵引用的大齿轮、增压器传动齿轮、后轴、受载荷极大的连杆及弹簧夹等。4140对应国内牌号42CrMo，对应德国牌号42CrMo4——也就是著名的德国EKA Camlock甩棍使用的材料。另外，国产GAS甩棍也使用过这种钢材。

4. 4130钢

4130钢的特性与4140钢相似。由于4130钢的含碳量低于4140钢，所以两者相比起来，4130钢的防锈性能更好，而4140钢的硬度更高。两者化学成份上的区别详见表1-3-1。目前美国Monadnock等品牌采用此种钢材。

表1-3-1　甩棍钢材成份对比

	45号钢	65锰钢	4140钢	4130钢
碳（C）	0.42~0.50	0.62~0.70	0.33~0.48	0.28~0.33
硅（Si）	0.17~0.37	0.17~0.37	0.15~0.35	0.15~0.35
锰（Mn）	0.50~0.80	0.90~1.20	0.75~1.00	0.4~0.6
硫（S）	≤0.035	≤0.035	≤0.030	≤0.025
磷（P）	≤0.035	≤0.035	≤0.030	≤0.025
铬（Cr）	≤0.25	≤0.25	0.80~1.10	0.80~1.10
钼（Mo）	≤0.25	—	0.15~0.25	0.15~0.25

二、轻型材料

甩棍使用的轻型材料主要包括铝合金、合成树脂（详见下文聚酯纤维）、碳素纤维等。这些材料的使用主要是为了满足实践者对便携性的要求，但是在整体重量降低、便携性提高的同时，也在很大程度上牺牲了甩棍的威力和强度。下面对这三种材料及相关的产品做一个简要的介绍，供实践者参考。

1. 铝合金

国内甩棍实践者最为熟知的铝合金甩棍的代表产品应该是美国ASP超轻版。ASP轻版的后两节采用高强度航空铝合金制造，而用于攻击的第一节仍使用与普通版相同的4140合金钢。ASP公司曾在官方介绍中说，轻版的重量只有普通版的45%，而打击力却能达到普通钢制甩棍的98%。当初ASP轻版刚进入国内时，不少的实践者对98%这个数字产生了一些误解，误以为轻版的强度能够达到普通版的98%。而实际上轻版的强度相对钢制甩棍来说还是比较低的，只能满足防卫用途，而不能进行过度的暴力测试（使用），国内曾有过用轻版进行不恰当的暴力测试而导致第二节前端开裂的例子。不过，在打击力方面，由于轻版的第一节仍为4140合金钢制成，而且后两节的重量大大降低使得甩棍重心前移，无疑这方便于实践者的挥击发力，所以轻版的打击力能达到普通版的98%可能并非虚言。除了ASP之外，Monadnock等知名品牌的产品中也包括铝合金轻型甩棍。

2. 聚酯纤维

首先要说明的是，"聚酯纤维甩棍"是目前国内经销商喜欢使用的一个习惯称呼，尤其指的是PCCT Phoenix Baton（国内称之为火凤凰甩棍）以及国内仿照火凤凰生产的一些复合材料甩棍。但是，实际上这个称呼并不十分准确，从国外的相关资料来看，火凤凰甩棍的材质是合成树脂材料，所以应该称之为树脂甩棍更为确切。其实，聚酯纤维我们应该都很熟悉，它在国内的商品名是涤纶，主要用于纺织品。树脂甩棍的后两节为纯树脂材料，而第一节出于威力的考虑一般会采用在钢芯外部包裹树脂的做法。树脂甩棍的重量很轻，即使第一节增加了钢芯，22寸的棍子整体重量也只有9.2盎司（约合260克），大约相当于钢制甩棍重量的一半。树脂甩棍的强度和破坏力远低于钢制甩棍，但是由于棍身有一定弹性，所以也具有钢制甩棍所不具备的一些特点，详见下文"树脂棍与钢棍的对比"。另外，除了火凤凰等树脂甩棍采用树脂制作棍身之外，美国Monadnock公司在铝合金主动锁定甩棍中也使用环氧树脂制作锁定轴部件。

3. 碳素纤维

碳素纤维增强塑料是20世纪中期发展的一种新型工程材料，它继石器和钢铁等金属后，被国际上称之为"第三代材料"，因为用碳纤维制成的复合材料具有极高的强度，且超轻、耐高温高压。碳纤维是由碳元素组成的一种特种纤维，其含碳量随种类不同而异，一般在90%以上。碳纤维具有一般碳素材料的特性，如耐高温、耐摩擦、导电、导热及耐腐蚀等，但与一般碳素材料不同的是，其外形有显著的各向异性且柔软，可加工成各种织物，沿纤维轴方向表现出很高的强度。不过，碳纤维也有它的缺点，一旦承受的力度超过了它所能承受的极限时，它不会像其他材料那样能够弯曲变形，而是会粉碎。碳纤维主要用于航天、舰船、工业、汽车及运动器材等领域。碳纤维甩棍的特性与树脂甩棍类似，破坏力远低于钢制甩棍，但是变形回弹能力好，能量吸收与释放的效率高。21世纪初的几年国内市场上曾出现过碳纤维甩棍，似乎并未获得广泛的认同；不过现今这种材质的甩棍也得到了大范围的推广。

三、树脂棍与钢棍的对比

关于树脂甩棍与钢棍在打击效果上的差异曾经在广大的甩棍实践者中引起过激烈的争论。在对这个问题进行分析之前，先来看一下美国人做的一个测试——

在测试中，研究人员分别使用棒球棍（刚性棍体）和冰球棍（弹性棍体）对汽车碰撞假人的头部实施了击打。试验结果表明，冰球棍由于有弹性，会产生回弹，所以在击打过程中实际上是一个从打击到推击的过程，伤害指数80，可能会导致脑震荡。而棒球棍没有弹性，不会产生推击过程，与假人头部的实际接触时间比冰球棍少很多，伤害指数2000，可能会导致头骨骨折，甚至是死亡。棒球棍的重量是冰球棍的两倍，而产生的伤害则是冰球棍的25倍。

从上边的试验可以得出，弹性的冰球棍产生的破坏力和刚性的棒球棍产生的破坏力根本不可同日而语。同样的，对于刚性的钢制甩棍和弹性的树脂甩棍来说，情况非常类似，钢制甩棍产生的破坏力要远大于树脂甩棍。

那么，这是不是就说明，树脂甩棍毫无用处，只能给对方挠痒痒呢？事实并非如此，这个测试只是比较了刚性棍体与弹性棍体对骨骼的破坏力。如果想全面比较树脂甩棍和钢制甩棍的打击效果，我们还要考虑另外两个因素。

首先，弹性棍体传递能量的效率比刚性棍体要大得多，举个极端一点的例子，就像鞭子一样，手一抖，能量全部传递到鞭梢，鞭身是柔性的，不受力，能量几乎都转化为动能，使鞭梢以极快的速度运动，打在身体上往往会皮开肉绽。树脂棍子情况类似，对动能的传递要比钢棍更好，挥舞起来棍端获得的速度要比钢棍获得的速度快很多。其次，弹性棍体与身体瞬间接触时，接触表面附近会产生小幅度的振动，形成一种反复击打，这就使得表皮附近的组织会产生更强烈的痛感。

所以，在击打肌肉丰厚的部位时，虽然钢棍可能会造成更严重的软组织损伤，但是树脂棍在瞬间产生的表面疼痛感可能会更强一些。因而，树脂甩棍可能更适合于在低伤害的情况下制服对手，这应该也是火凤凰甩棍的主要设计初衷之一。

第四节　甩棍的规格说明

甩棍的规格通常是以伸展后的长度来表示的，单位为英寸。英制单位中1英寸折合2.54厘米，所以只要用甩棍的规格乘以2.54即可得到甩棍的国内公制伸展长度。不过，对于摩擦闭锁式甩棍来说，由于节与节之间的连接部位精度有限，所以长度尺寸一般不太精确，存在一定的误差。

一、甩棍的常见规格

最早进入国内市场的甩棍为美国ASP甩棍，其规格有四种：16英寸、21英寸、26英寸和31英寸，其中31英寸长度过大，便携性差，所以实践者比较熟悉的是前三种规格。由于21英寸的甩棍在便携性和威力上取得了最佳的平衡，最受国内实践者欢迎，所以早期的国产甩棍一般均采用这种规格。但是随着甩棍使用群体的不断增大，原有的几种规格已经无法满足实践者对于甩棍规格的多样化需求。后来一些国产甩棍品牌已经意识到了这一点，推出了更为细化的产品规格，比如GAS甩棍就推出了18英寸和23英寸的甩棍，为实践者提供了介于16、21和26之间的折中选择。另外，其他进口品牌甩棍的引入也为购买者提供了更多的规格上的选择，比如Monadnock的产品中除了上述尺寸之外还包含了22英寸和24英寸的规格。

二、不同规格钢卡式甩棍的长度对比

目前，虽然机械闭锁式甩棍已经受到越来越多的关注，但是摩擦闭锁式甩棍，尤其是钢卡式甩棍仍为市场上的主流产品。所以我们以钢卡式甩棍为研究对象对甩棍常见的长度规格进行一下对比分析（表1-4-1数据来自美国ASP官方网

站，实际数据与标准数据会略有差异）。

表1-4-1　钢卡式甩棍长度规格

规格	收缩长度		伸展长度		伸缩比
	英寸	厘米	英寸	厘米	
16	6	15.2	16	40.6	2.67
21	7.75	19.7	21	53.3	2.71
26	9.5	24.1	26	66.0	2.74
31	11	27.9	31	78.7	2.82

表1-4-1中的伸缩比即为伸展长度与收缩长度的比值，我们主要用它来衡量相同的伸展长度下，不同甩棍在便携性上的差异。从表中我们可以看到，虽然随着长度规格的增大，钢卡式甩棍的收缩长度越来越长，便携性越来越差，但是伸缩比却是越来越大的，31英寸甩棍的伸缩比要远大于16英寸甩棍的伸缩比。这是因为同一品牌的所有钢卡式甩棍的无效长度（详见本课第四部分）都相差不大，所以随着甩棍规格的增大，无效长度对甩棍整体伸展长度的影响会逐渐减小。

三、不同类型甩棍的长度与便携性对比

通过前面的介绍，我们对钢卡式甩棍的长度规格以及伸缩比已经有了一定的了解。不过，由于不同结构的甩棍其无效长度也是不同的，所以也就导致了它们之间的伸缩比的不同。下面我们就以21英寸规格为代表，对不同结构的甩棍进行一下对比，考察一下它们在便携性上的差异（表1-4-2）。

表1-4-2　不同结构甩棍的长度对比

甩棍种类	收缩长度（厘米）	伸展长度（厘米）	伸缩比
钢卡式	19.7	53.3	2.71
磁吸式	19.6	49.5	2.53
滚珠式	21.3	53.3	2.50
凸轮式	21.2	50.8	2.40
杠杆式	22.2	53.3	2.40

表1-4-2中钢卡式和杠杆式的数据来自美国ASP甩棍，磁吸式的数据来自国产800甩棍，滚珠式的数据来自美国Monadnock甩棍，凸轮式的数据来自德国EKA Camlock甩棍。从表中可以看出，钢卡式甩棍的伸缩比最高，而杠杆式甩棍的伸缩比是最低的。也就是说，在伸展长度相同的情况下，钢卡式甩棍的便携性是最好的，而杠杆式甩棍和凸轮式甩棍的便携性相对来说是最差的，实际上，由于结

构的问题，机械闭锁式甩棍的伸缩比普遍都比较低。

四、无效长度与甩棍伸缩长度的换算

从前面的分析中可以看到，相对钢卡式甩棍而言，其他几种甩棍的伸缩比都要低一些，这其中涉及了一个无效长度的问题。所谓无效长度，并不是说这部分长度真的无效，实际上对于任何甩棍来说，这个长度都是必须的，只是它无法有效地转化为伸展长度而已。无效长度中包含了尾帽的厚度、连接部分的长度以及锁定机构占据的长度等。我们把它定义为：

$$无效长度 = 收缩长度 \times 3 - 伸展长度$$

下面就以国产GAS甩棍为例，计算一下不同规格的GAS甩棍的无效长度。GAS共有三种规格，每种规格随机抽取一根，测量之后计算无效长度。计算结果如表1-4-3所示。

表1-4-3　GAS甩棍的无效长度

规格	收缩长度（厘米）	伸展长度（厘米）	无效长度（厘米）
18	17.6	45.2	7.6
21	20.1	52.4	7.9
23	22.2	58.7	7.9

从表1-4-3中可以看出，不同规格的GAS甩棍的无效长度很接近，为7.5~8厘米，细微的差异可以视为加工精度问题。实际上，对于所有的钢卡式甩棍来说，这个长度都相差不多，基本都处在7~8厘米之间。比如说ASP21，虽然它的标称尺寸是收缩19.7厘米，伸展53.3厘米，但是一般伸展长度达不到这么长，最终计算下来的无效长度也在7厘米左右。由此我们可以得出钢卡式甩棍伸展长度与收缩长度的两个换算公式：

$$伸展长度 = 收缩长度 \times 3 - 7.5$$
$$收缩长度 = (伸展长度 + 7.5) \div 3$$

对于其他种类的甩棍，只需调整一下无效长度的数值就可以得到相应的换算公式。比如说，磁吸式甩棍的无效长度约为9厘米。因此，磁吸式甩棍的伸缩长度换算公式为：

$$伸展长度 = 收缩长度 \times 3 - 9$$
$$收缩长度 = (伸展长度 + 9) \div 3$$

五、甩棍的直径与重量

1. 手柄直径

2.5~3厘米是最适合普通人握持的尺寸,所以绝大多数甩棍的手柄直径都处于这个范围之内。比如美国ASP及大多数国产品牌的手柄直径都在2.5~2.6厘米,美国Monadnock的手柄直径为2.7厘米,德国Camlock的手柄直径为2.8厘米。不过,也有一些例外,比如被国内实践者称为"壮汉"甩棍的美国RCB甩棍,其手柄直径达到了3.2厘米。

2. 中节与首节直径

绝大多数甩棍的中节直径为1.6厘米左右,首节直径为1.1厘米左右,不同产品的数值虽然略有差异,但是上下浮动不大。比较特别的一个例子是德国的Camlock,该甩棍的中节直径达到了2.2厘米,而首节也达到了1.9厘米,比普通甩棍的中节直径还要大。

3. 重量

虽然由前面的介绍可以看出,同样规格不同品牌的钢制甩棍在整体长度和直径上相差不大,但是根据资料显示,其重量却有可能存在不小的差异,下面就让我们来看一下不同品牌21英寸钢制甩棍的重量对比(表1-4-4)。

表1-4-4　21英寸钢制甩棍重量对比

品牌	ASP	GAS	Monadnock	Camlock	800	Leverloc
类型	钢卡式	钢卡式	滚珠式	凸轮式	磁吸式	杠杆式
重量(克)	544	480	480	535	500	552

从表1-4-4中可以看出,同是钢卡式甩棍,ASP甩棍的重量比GAS要多64克。重量大一方面意味着管壁厚,钢材用量足,但是另一方面也意味着便携性要差一些。显然,最理想的状态应该是在最小的重量下达到最高的强度。也就是说重量越大并不一定意味着棍子的综合性能就越好,评价一款棍子的好坏尚需多方面的考虑。另外,我们还可以看出,对于同属ASP公司的钢卡式甩棍和杠杆闭锁式甩棍Leverloc来说,由于增加了机械锁定机构,所以Leverloc的重量比钢卡式甩棍略重。

以上对不同品牌的21英寸甩棍进行了横向对比，下面再以ASP甩棍为例做一下纵向对比，看看同一品牌不同规格的甩棍在重量上的差异（表1-4-5）。

表1-4-5　ASP甩棍重量对比

规格	16	21	26	31
重量（克）	426	544	662	726
单位重量（克/英寸）	26.6	26.0	25.5	23.4

表1-4-5中单位重量为整体重量除以整棍长度所得的数值，代表着每英寸棍子的重量。从这张表中可以看到，虽然随着规格的增大，甩棍的整体重量越来越大，但是单位重量却有减少的趋势。也就是说，虽然整体重量是增加的，但是增加的幅度却是逐渐减小的。这种趋势与伸缩比的变化趋势是相同的，其原因同样也是受到无效长度的影响。

上述分析仅是针对钢制甩棍而言，其他诸如树脂甩棍和铝合金甩棍等轻型材料的重量参见本章第三节"甩棍的材质"。

第五节　甩棍的配件及其功用

为了满足不同的需求，方便甩棍的携带、使用，增强甩棍的功能，国内外各大品牌生产商相继开发出了很多与甩棍相关的配件。这些配件主要可以分为六大类：棍套、尾帽、棍头、护手、手电和喷雾。甩棍的配件一般都是单独出售的，你可以根据自己的具体需求来选购。不过，现在也有一些国内品牌推出了甩棍礼盒装，其中包含棍套、手电以及供替换的备用钢卡、棍头等实用配件。

一、棍套

棍套当然是为了方便实践者携带甩棍而开发的。这应该是应用最广泛的一种甩棍配件，几乎每一个实践者在购买甩棍的同时都会买一个棍套。不过，与使用棍套的携棍方式相比，笔者更提倡直接把甩棍插在腰间（详见后边携棍方法课程）。因为任何一种棍套——包括一些实践者自制的所谓隐蔽性棍套在内，都存在隐蔽性差或出棍不便的问题。总体说来，目前市面上的棍套主要可以分为以下三类：

1. 横竖两用棍套

这是三类棍套中最普通，最常见的一种。图1-5-1所示为某品牌出品的一款多功能甩棍套，该产品以尼龙制成，可以横竖两用，还可以与同品牌的鞍袋和战术背包组合使用。这种棍套适合绝大多数甩棍使用。另外还有一些简易棍套（图1-5-2、图1-5-3），价格相对更加便宜。

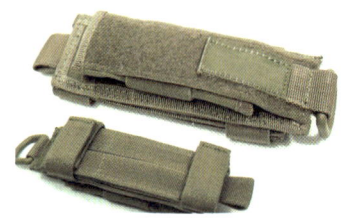

图1-5-1

图1-5-2

图1-5-3

2. 360度旋转棍套

这种棍套主要由两个部分组成，一个是主体棍套，另一个是腰带卡，两者之间以五金配件连接。这类产品的主体棍套可以围绕腰带卡任意旋转，使得实践者可以从任意角度出棍，非常方便。但是同时，它们也具有一个非常明显的缺陷，那就是厚度太大，隐蔽性很差。图1-5-4、图1-5-5分别是ASP甩棍和PAUL保罗甩棍的360旋转棍套。

图1-5-4

图1-5-5

3. 腋下棍套

与挂在腰间的棍套相比，腋下棍套最大的优势在于隐蔽性更高，不会像前者一样弯腰时会露出来，腋下套的优点是可以比较隐蔽的携带比较长的甩棍。图1-5-6所示为ASP出品的简易型腋下棍套，该棍套的主体为一条尼龙带，两端分别穿在腰带中，中间部分从颈后跨过。尼龙带的一端装有四合扣，需要配合专用的带有四合扣的尾帽使用。使用时，让棍头向上穿过固定在尼龙带上的松紧环，然后尾帽扣在尼龙带

图1-5-6

末端的四合扣上。出棍时，先将棍子向上提，使尾帽与四合扣脱离，然后向下将棍子从松紧环中抽出。这种棍套最大的缺点就是后面缺乏约束，弯腰时棍子会下垂，多少有些碍事。目前该产品已经停产。图1-5-7所示为德国Bonowi EKA腋下隐蔽式棍套，则克服了上述弊病。

图1-5-7

二、尾帽

尾帽可以说是所有的甩棍配件里品种最丰富的一类。这一方面是因为实践者对尾帽有着多样化的需求，另一方面也是由于尾帽是所有甩棍部件中最容易做文章的一个。下面我们就分类看一下常见的一些异型尾帽。

（1）防脱手尾帽：这种尾帽的原理很简单，只需尾帽的直径大于甩棍手柄的直径，就可以起到有效的防抢作用。这就像钉子一样，一根钉在木板上的钉子，由于有了钉帽的阻挡，要想从钉尖一侧把它拔出来是非常困难的。图1-5-8~图1-5-10所示为几种常用的甩棍的防脱手尾帽。除了上述这些防抢尾帽之外，还有一种"防脱环"，使用时，将"防脱环"从手柄前端套至尾端，尾端有两圈凸棱，可以将它卡住，如图1-5-11、图1-5-12所示。

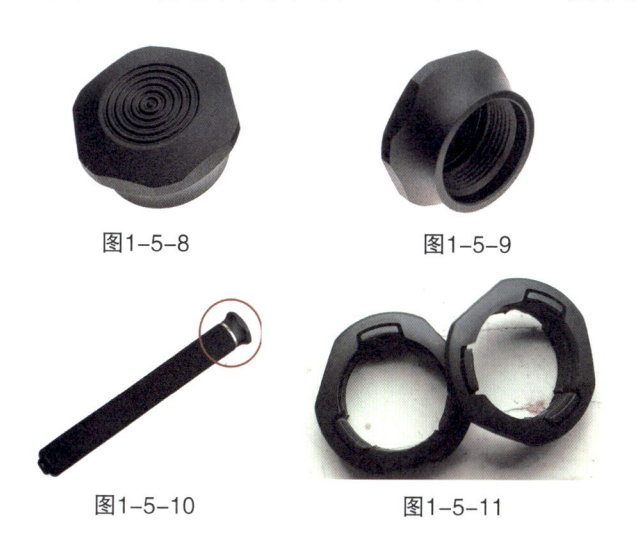

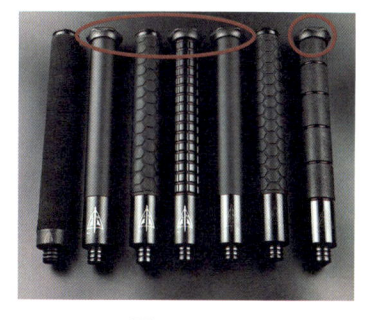

图1-5-8　　　　图1-5-9

图1-5-10　　　　图1-5-11　　　　图1-5-12

（2）挂绳尾帽：早期的国产甩棍一般都是自带挂绳的（图1-5-13），其实这种设计是不错的，一物两用，除了带挂绳之外，还具有类似锥形尾帽的功能，可用于车内逃生。最初的国产甩棍往往是沿用国外品牌的设计，尾帽是一个光溜溜的圆柱，挂绳尾帽和锥形尾帽都需要另外购买。使用挂绳尾帽时要注意，挂绳长度要适中，不要过短或过长。

（3）锥形尾帽：锥形尾帽主要用于逃生作为破窗器具，在遇到意外被困车内时可以用它击破车窗玻璃脱身。普通的锥形尾帽如图1-5-14所示。

（4）钥匙圈尾帽：装了这种尾帽之后，甩棍在收缩状态下也可以用作一根威力不小的钥匙棍使用。

三、棍头

在棍头方面，表现最为突出的就是美国Monadnock公司。下面我们就具体看一下该公司出品的几种异型棍头。

（1）安全打击头：由于普通的钢制打击头击打在人体上容易造成严重的伤害，所以为了降低甩棍的伤害程度，Monadnock开发了一种安全打击头（图1-5-15）。这种棍头是在钢制棍头的外部包裹了合成材料，大大降低了棍头的破坏力。虽然在甩棍的教学中一般会明确告知不要击打头部等要害部位，但是在混乱的打斗中难免会出现打击失误而造成对手严重受伤。所以这种改进还是非常有价值的。

（2）强效安全头：这种打击头是在安全打击头的基础上进一步改良而成的（图1-5-16）。与安全打击头相比，强效安全头加厚了钢制棍头外面的合成材料层，进一步降低了棍头可能造成的伤害。

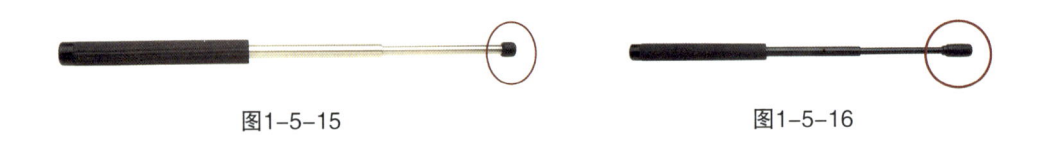

图1-5-13

图1-5-14

图1-5-15

图1-5-16

（3）彩色打击头：这种打击头是亮绿色的，形制与强效安全头相同。根据Monadnock的官方介绍，这种棍头主要用于提高实践者的击打技巧，因为使用这种打击头可以让实践者很清楚的看到棍头的运动轨迹。

（4）玻璃锥棍头：严格说来，这种产品并不属于棍头，而是一个可以套在强效安全头上的红色橡胶帽，顶端带有一个钢制的玻璃锥。使用时，双手握住棍子，以棍头猛击车窗，只需一下就可以轻松击碎车玻璃。

四、护手

在混乱的实战格斗中，尤其是当你的格挡技术不太正确时，对方的兵器很可能会沿着棍子滑下，打在你的持棍手上。在这种情况下，给甩棍加上一个护手是个不错的主意。不过，在增加安全性的同时，护手也会给你带来一点烦恼，那就是便携性的降低。护手的形式也是多种多样，常见的护手如图1-5-17~图1-5-19所示。

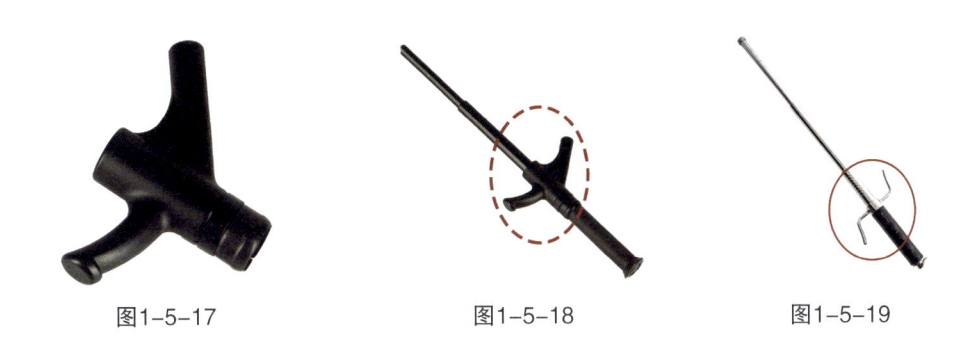

图1-5-17　　　　　图1-5-18　　　　　图1-5-19

五、手电

甩棍与手电是一种非常有价值的战术结合。用在甩棍上的手电大体有两种，主要区别在于它们的开关，一种是按钮式的开关（图1-5-20、图1-5-21），另一种是旋转式开关（图1-5-22）。但国内很多实践者反映，甩棍与手电连在一起其实并不实用。这主要是出于三方面的考虑，一是针对旋转式开关而言，在右手握棍的同时你需要用左手去扭转手电的开关，这样其实与左手拿手电右手拿甩棍差别不大，唯一的不同就是可以一次性将甩棍和手电一起抽出；二是针对按钮式开关而言，虽然不需要两只手操作，但是在按动按钮打开手电之后，你仍需要重新调整握棍姿势才能实施攻击；三是不管是哪种手电，都会大大降低甩棍的便携性。

神兵利器 截拳道概念甩棍权威教程

图1-5-20 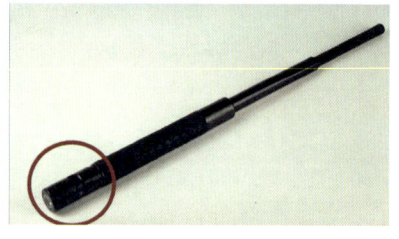　　　　　　　图1-5-21 　　　　　　　图1-5-22

六、喷雾

与手电一样，喷雾与甩棍也是一种非常实用的战术结合。喷雾的外形与上面所说的按钮式甩棍手电非常相似，也使用按钮式开关，同样需要接驳器与甩棍连接，喷射孔位于其头部正中。该喷雾的缺点与按钮式手电相同，主要在于操控上的不便和对便携性的影响，此处不再赘述。这种喷雾的内胆用完可以更换，但是价格不菲。

甩棍除了上述配件外，现在一些棍迷脑洞大开，开发出一些其他形形色色的东西，如甩棍藏刀什么的，但相对来说都不是主流，这里我们也就不再多说了。

第六节　甩棍的选购建议

俗话说，工欲善其事，必先利其器。甩棍作为随身防卫用具，必须能够提供较高的强度和可靠性。所以，在学习甩棍的使用技巧之前，实践者应该先学会如何为自己选购一条质量好又称手的甩棍。下面我们为你选购甩棍提几点建议：

（1）选择规格。你要根据自己的身高、力量以及需求来选择适当的规格。一般说来，如果身材不是过高或过矮的话，建议选择21英寸的，因为21英寸的甩棍在便携性和威力上可以获得比较好的折中。另外，在使用上，21英寸也是比较标准的尺寸，如果大于21的话，你就需要额外增加力量以获得足够的速度；相反的，如果小于21的话，你就需要额外增加速度以获得足够的力量。

（2）选择颜色。甩棍的颜色基本可以分为银色、黑色和彩色三类。银色镀层最大的优点是不容易掉色，即便由于磨损而掉色，在外观上也不会很明显。另外，由于颜色较亮，所以银色甩棍在对敌时比较有威慑力。相比之下，黑色甩棍比较低调一些。缺点是很容易掉色，而且掉色之后外观的磨损看上去会比较明显。但是，黑色涂层也有一个突出的优点，那就是在夜战时隐蔽性较高，由于黑色涂层不反光，所以对手很难在黑暗中辨清我们的攻击路线。至于彩色甩棍，其收藏价值更大于使用价值，一般购买彩色甩棍的实践者主要用于欣赏把玩。

（3）选择类型。前面已经详细的介绍了不同类型甩棍的结构，你可以根据自己的需求和喜好选择适合自己的甩棍类型。

（4）选择品牌。市面上甩棍品牌众多，本身各种品牌的产品质量就良莠不齐，再加上还有很多劣质的仿冒品充斥着市场。所以，在购买甩棍之前事先做一些调查研究是必需的，一定要选择质量可靠、口碑好的品牌，找信誉高的经销商购买，以免买到劣质产品。不要购买廉价的地摊货，很多劣质棍子强度很差，在使用中会出现第一节严重弯曲甚至飞出的现象。

（5）看做工。看壁厚是否均匀，钢卡弹性好不好，还有倒角、镀层、手柄、棍套……所有外观上可以看到的细节都仔细看一下，质量好的棍子每一个细节都不应该粗制滥造。

（6）把棍子全部拆开，看一下各个部件是否完好，看看内壁是否锈蚀。看一下管壁的厚度，质量好的棍子每一节的厚度都不应该小于1.5毫米。另外看一下节与节之间的重叠部分，长度不能过小，不然会影响锁定。重叠部分的正常长度，手柄与第二节之间应为2.5～3厘米，第二节与最细节之间应为1.5～2厘米。

（7）把棍子甩开，看看节与节连接处是否牢固无松动。机械闭锁式甩棍由于加工精度所限，可能会有一些正常的晃动。然后在地上垫本书，反握棍子用中等力度向下戳几下，看锁定是否牢固。

（8）把甩开的棍子平端到眼前，棍尾向后，棍头向前，用眼睛瞄一下，看看棍身直不直。需要注意的是，由于加工精度的限制，棍节扩口缩口部分的中心可能会有少量的偏斜，这会导致棍节略有偏斜，即便是价格昂贵的进口产品也是如此。因此，只要偏斜的程度不是很明显，也不影响开棍、收棍的顺畅，些许轻微的偏斜大可不必在意。

（9）看锁定。摩擦闭锁式甩棍的锁定是非常重要的一个性能指标，只有锁定良好的棍子才能在实战中提供可靠的保障，所以这个问题一定要注意。判断锁定好坏的方法很简单：在伸展状态下，把棍子尾帽摘下，然后让棍头对着太阳，眼睛从手柄一端看进去，看看棍节的接合处是否有光线透进来，透光越多，说明棍子的锁定越差。锁定好的棍子节与节之间的贴合是非常紧密的，看上去基本上漆黑一片。

（10）看强度。其实如果你按照前面所说的，选择的是可靠的品牌、可靠的经销商，那么强度问题一般不需过多的担心。如果你实在无法确定它的质量，又非常想买，那么最好在购买之前要求经销商拿样品演示一下。最简单的方法就是找一块红砖，把两端架空，用棍子把它敲断，然后看看首节有没有弯曲。但是要注意采用正确的方法，不要被表演性性质的开砖测试蒙骗了。

上述十点建议对于甩棍爱好者或收藏者来说，绝对是入手甩棍的金玉良言。不过，在购置甩棍的时候，还需要考虑自身的经济实力与用途。如果仅用于防身自卫之用，我们建议选择以物美价廉为标准，尽量选择国货，因为经过长足发展，国内产品并不会比国外产品差到什么地方去，千万不要迷信那些价格高得出奇的外国货就一定好。

第七节　甩棍的暴力测试

很多实践者在买到甩棍之后喜欢做一些暴力测试，一方面是为了体验一下棍子的打击效果，另一方面也是为了检验一下棍子的质量。众多的甩棍经销商更是热衷于把暴力测试作为赢得顾客的宣传手段。在各种暴力测试方法中，有一些确实能够检验出棍子的质量好坏，但是也有很多只不过是经销商用来蒙骗消费者的手段。在本节课中，我们会根据自己的使用经验对常见的一些暴力测试作一下总结分析，告诉你哪些测试能够真正检验甩棍的性能，哪些测试只是表演性质的噱头，一方面可以帮你擦亮双眼，免受经销商的蒙蔽，另一方面也可以教你如何在测试中保护自己的棍子。

一、断砖

这种测试方法大概从国内有甩棍的那一天就诞生了。所有的实践者，在提到甩棍的强度时，几乎无一例外的会问："能断砖吗？"或者"能断多少块砖？"甩棍的经销商也往往以能断多少块砖来标榜自己产品的强度之高。在人们狂热的追求断砖的数量时，请问留心过断砖的方式吗？

网络上有过很多断砖的视频，有连断十几块的，也有连断数十块的，甚至还有连断上百块的。在这些视频中，测试者采用的方式如出一辙：棍身与地面保持水平，以首节的后半段和中节的前半段敲击砖面。实际上这是一种比较取巧的做法。大家都知道，甩棍的棍身尤其是首节抗弯强度是最为重要的。但是在这个测试过程中，甩棍的主要受力部位是中节的前端，不仅避开了最容易弯曲的首节部分，而且大大缩短了受力的力臂，从而导致整个棍身受到的弯曲力矩都大大减小了。在这种情况下，只要甩棍的质量不是很差，基本都能够成功的把砖敲断而不会受到严重的损伤。打个比方来说，这种测试就像是街头表演的胸口碎大石一样，基本属于唬人的把戏，只要抡锤子的人掌握了正确的技巧，表演者能够承受石头的重量，都能够成功完成表演。

如果你想真正测试甩棍首节的抗弯强度，那么就必须采用另一种方式：用棍头来敲击砖面。与上一种相比，这种测试方式对棍子强度的要求要高得多，因为在这种情况下，棍子的受力点为棍头，棍身尤其是首节会受到一个很大的弯曲力矩的作用。事实证明，质量稍差的甩棍根本就无法经受这种严格的考验。不过，采用这种方式断砖时，建议你把砖的两端架空，否则很容易对甩棍造成损伤。

通过上面的分析，可以得到两个结论：第一，不要被经销商的断砖测试所蒙蔽，要看清他用的是棍节还是棍头，如果用的是棍节，那并不能说明什么问题；第二，如果你想真正的测试出棍子强度的好坏，那么就要用棍头来断砖；如果你只是想用棍子表演断砖给别人看，那么可以用棍节，以免损伤棍子。

二、敲击厚重物体

所谓厚重物体即指那些既不会发生明显的形变，也不会断裂、折断的刚性物体，比如墙壁、地面、电线杆、粗壮的树木等。很多实践者反映，在大力击打这类物体之后甩棍弯曲变形了。这是因为在碰撞过程中，这些物体既不会形变也不会断裂，也就不会吸收能量，所以碰撞能量除了少量在棍子反弹时转化为棍子的动能之外，其余的基本上完全被棍子吸收了，或者转化为棍子的内能，或者使棍子产生形变。换句话说，只要碰撞能量够大，那么棍子弯曲变形基本上是无可避免的。

通过上面的分析，可以得到如下结论：大力敲击厚重物体属于破坏性测试，即使棍子的质量非常出色，在测试中没有弯曲，也难免会出现潜在的损伤，所以为了保护你的棍子不受损伤，最好不要用棍子大力击打这类物体。

三、硬度测试

随着一些甩棍硬度测试结果的出台，越来越多的实践者开始关注棍子的硬度，渐渐的形成了一个误区，似乎硬度越高的棍子就越结实，其实这种观点是非常片面的。

硬度只是材料机械特性中的一种，硬度高只能说明材料表面不容易被划刻或切入，并不能说明材料的整体性能就一定有多好。除了硬度之外，决定材料性能的其他重要因素还有很多，包括弹性模量、屈服点、延展性、冲击韧性等。弹性模量简单点说就是材料在应力（单位面积上的力）作用下形变量的大小，弹性模量越高，形变越小。这种形变是一种弹性形变，是可以恢复的。屈服点，也就是材料在多大应力下屈服，即开始发生不可恢复的形变。这个指标直接决定了甩棍的抗弯强度及局部抗击打的能力。冲击韧性，就是发生断裂时单位断裂面积上吸收的能量。简单点说，冲击韧性差就表示材料脆，易碎，玻璃就是一个最典型的例子。在评价材料的性能时，需要综合考虑以上的各种因素，不能以偏概全。

实际上，甩棍在使用中，主要承受的是打击力产生的弯曲力矩。因为对于甩棍来说，最重要的并不是表面硬度，而是棍节的抗弯强度。所以，与其盲目的盯着硬度测试结果，倒不如去做一下首节和中节的抗弯强度测试来得更有价值。

四、两棍对敲

某些甩棍经销商为了宣传自己的产品，经常会拿其他品牌的甩棍与自己的棍子对敲，以展示自己产品的强度。这里姑且不论这种行为是否属于正当的商业竞争，单就其测试方法而言，并不能保持充分的公平性。在将两根甩棍进行对敲时，可能影响碰撞结果的因素主要有以下三个：

（1）位置。测试者测试时往往是把其他品牌的甩棍（假定为B甩棍）放在下面，两端架空，然后用自己的产品（假定为A甩棍）去敲击。这种做法其实是很不公平的，测试结果也并不能说明什么问题。这是因为，在碰撞中B甩棍的两端是被支持起来的，在撞击中并不能向下移动，也就无法对碰撞能量进行缓冲，巨大的能量完全被棍身吸收，极易导致棍节凹陷或弯曲变形。而A甩棍则不同，它并没有被固定，在撞击时会向上反弹而起，有很大一部分碰撞能量都转化为了向上的动能，棍子本身吸收掉的相对比较少。所以，只要两棍的强度相差不大，那么架在地上的B甩棍必然会先弯掉，这并不能说明A甩棍的强度高于B甩棍。如果反过来用B甩棍敲击架在地上的A甩棍，那么结果也很可能就是A先弯掉。

（2）落点。为了达到更好的整体性能，甩棍通常是首节硬度最高，而中节硬度较低。如果在测试中用A甩棍的首节去敲击B甩棍的中节，那么必然会在B甩棍的棍身上出现明显的凹痕。所以，用这种方法来证明A甩棍强于B甩棍是不科学的，也是不公平的，属于对消费者的误导。

（3）长度。在截面直径相同，打击力也相同的情况下，棍身越长，它受力的力臂也就越长。我们知道，棍子所受的弯矩等于打击力乘以力臂，所以力臂越长，棍子受到的弯矩也就越大，棍子也就越容易弯曲。举个简单的例子来说吧，一段一尺长的钢筋，你很难把它弄弯；而如果长度加长到10米，那么甚至不用你费力，它自己就弯了。所以，在测试时如果用16英寸的棍子去敲击26英寸的棍子，那么在强度相差的不大的情况下弯掉的必然是后者。

通过上面的分析，我们可以得到一个结论：在进行两棍对敲时，如果想获得公平合理的结果，那么必须选择两条规格相同的甩棍，两个人各持一根，用相同的部位进行撞击。

五、锁定测试

这种测试针对的是摩擦闭锁式甩棍，常见的锁定测试有两种。

（1）穿刺测试：比如刺穿门板、红砖、汽车挡风玻璃之类的物体。在这种测试中，只有锁定部位的摩擦阻力大于刺穿目标物体所需的冲击力，棍子才不会解锁，对棍子的锁定能力是一种严峻的考验。不过需要提醒你的是，有一些测试只是经销商的宣传噱头，要注意分辨，比如在同样条件下，刺穿完整的物体与刺穿已经有裂纹的物体所需的力度要相差很多。另外，必须要注意，不管你的甩棍锁定有多好，在实战中也要慎重使用刺的技法。

（2）敲击测试：也就是用甩棍敲击比较坚硬的物体，由于在敲击中甩棍会受到震动，所以数次之后必然会解锁，在所用力量相同的情况下，能够经受住的敲击次数越多，甩棍的锁定就越好。由于在实战中甩棍会不断地与对方的身体或兵器发生撞击，所以这种测试颇具实际意义。但是在对不同的棍子进行测试时要想保持力量完全相同基本是不可能的，因而难以保证测试的绝对公平。

六、刀砍测试

这种测试实际上相当于变相的硬度测试，只要刀的硬度大于甩棍，那么砍在甩棍上必然会留下痕迹，相反，如果刀的质量很差，硬度小于甩棍，那么砍在甩棍上必然会卷刃。其实，虽然刀具是我们在街头防卫中经常遭遇的一种兵器，但是我个人感觉这种测试的实际意义并不是很大。

对于匕首（短刀）来说，它的主要攻击模式为刺和划，通常并不会与我们的棍子发生强烈的撞击。对于砍刀来说，第一，我们在街头真正能够遭遇它的可能性相对较小；第二，虽然它的主要攻击模式为劈砍，但是真正与甩棍发生正面撞击的概率也不是很大；第三，我们在街头遭遇的砍刀往往是硬度比较差的劣质货，一般不会对甩棍造成严重伤害，更不会出现甩棍被劈断的情况，所以也不需要过分担心。

综上所述，可以得到两个结论：（1）对于经销商所做的刀砍测试，不要轻信，因为你并不知道他使用的刀硬度有多高；（2）自己没有必要去做这种测试，不要为了一个并无实际价值的结果而损坏自己的刀具和甩棍。

七、汽车碾压

笔者见过两个不同的汽车碾压视频。我这里所说的不同，指的并不仅仅是测试者和甩棍品牌的不同，而是本质上的不同：一个是对甩棍整体强度的严峻考验，另一个则是经销商的宣传噱头。

在第一个测试中，架空的甩棍两端被牢牢固定，随着汽车缓缓后退，左后轮慢慢压到了架空的甩棍之上。这时，在视频的特写中明显看到甩棍出现了弯曲，但是当车轮离开之后，又迅速恢复了原状，笔直如初。在这个测试过程中，甩棍所承受的是汽车总重（车内还坐着四个成年人）的四分之一，重达数百公斤。这不仅是对甩棍单个棍节强度的考验，更是对甩棍整体抗弯强度的极大挑战。

而在第二个测试中，架空的甩棍两端只是简单压了两块砖头，并没有固定，而且汽车开过时速度很快。这样一来，在测试中，由于甩棍没有进行可靠的固定，所以车轮开过时就会先把甩棍碰掉在地上，然后从甩棍上边碾过。在这种情况下，测试的只是棍节的径向承载能力，即使是一根普通的铁管也不会被轻易压扁，所以根本不能说明任何问题。测试者之所以把车开的很快，原因可能有两个，一是为了在车轮压上去之前先把甩棍碰掉，二是为了让观众看不清楚整个测试过程。

通过上面两个测试的对比我们可以看出，貌似相同的两个测试，只要改变一两个细节，结果可能出现本质上的不同。所以你在面对这些测试视频时，一定要擦亮双眼。

第八节　甩棍的日常保养

就像你的身体和汽车一样，甩棍也需要定期的保养。适当的保养可以让它始终保持良好的状态，在危急时刻发挥其应有的正常性能，保护你的生命财产安全。甩棍本身带有保护镀层，所以并不需要频繁的、复杂的保养，只要注意以下几点即可。

（1）不使用时要保持棍身的清洁和干燥。不要放在潮湿的环境中，不要长期放在封闭的棍套里。要定期将甩棍拆开进行擦拭，及时清除棍身表面的灰尘、污渍和手印，以免生锈。棍节的内壁也要清洁，可以用棉棒擦拭，也可以从一端塞入一个纸团或软布团，然后用一个较细的柱体（比如改锥）把它从另一端顶出来，重复数次。

（2）除了最细一节的内壁可以用棉棒蘸少量机油擦拭以外，其他地方最好不要用油，否则会严重影响甩出后的锁定。如果棍身生锈，可以使用WD-40等除锈产品清除锈迹，但是在除锈之后要及时将残油擦净，以免影响锁定。

（3）尽量不要暴力敲击硬物，不要把甩棍当撬杆使用。再好的钢材也有"疲劳极限"，而且甩棍本身并不是一个完整的整体，而是几根钢管的连接体，长期的暴力使用容易导致连接处变形，甚至造成棍身弯曲或折断。

（4）每次使用完之后都要检查一下棍子的状态是否依然良好。看看棍节有没有弯曲，锁定是否仍然牢固可靠，节与节之间的连接部分是否变形。如果发现棍节已经弯曲变形，或者甩出后节与节之间有松动，无法牢固锁定，那么我建议你尽快更换新棍子，以免在使用中发生危险。

（5）对于钢卡式甩棍来说，如果感觉出棍时阻力过大，在出棍技巧正确的前提下出棍比较吃力，甚至是无法成功出棍，那么可以把钢卡调松一点，具体的做法就是把钢卡的两个簧片用手捏紧一点。如果钢卡阻力过小，在收棍状态下无法起到正常的止动作用，那么可以把钢卡调紧一些，方法是找一个直径略大于钢卡簧片间距的圆柱形物体（比如钢笔），把它插入两个簧片之间，然后用手指将簧片的前端捏到一起。

（6）对于使用乙烯基手柄的甩棍来说，乙烯基胶皮在多次使用之后有可能会收缩变形，与手柄前端的凸缘之间产生间隙。如果遇到这种情况，你可以先把胶皮拉长到所需的位置，然后取一瓶水状快干胶（如汉高百得），滴出来一些，把胶皮掀开，用牙签蘸胶水涂到棍体上（注意不要沾到胶皮上），最后把胶皮推到合适的位置上，用力按压几秒钟即可。

（7）钢卡式甩棍在携带过程中会有一些声响，这是由于棍节之间以及棍节与钢卡碰撞产生的。我们可以通过一些改进在一定程度上降低声响。具体的做法是：剪一片圆形的橡胶片（或皮子），直径大致与钢卡底座相等，在中间开一个洞。让钢卡的簧片从铜钱中心穿过，把橡胶片垫在钢卡底座上。这样就可以消除棍节与钢卡碰撞产生的声音。

（8）在暴力击打之后甩棍的棍头有可能会折断，如何把断在首节中的半截棍头弄出来是让实践者很头疼的一件事。你可以在棍头的断面上挫出一道槽，用一字头改锥把它拧出来，也可以用强力胶把筷子粘在棍头断面上，把它拧出来。

第二章　甩棍使用入门

从严格的学术意义上讲，甩棍隶属于短棍范畴之内，但是与传统短棍相比，两者在特性上却有着很大的差别。除了材质和便携性这两个最明显的差异之外，甩棍和短棍还存在如下几个主要区别：

（1）重量：甩棍与短棍在重量上的差异是显而易见的。以26英寸的规格为例，硬木短棍的重量一般只有8盎司（合227克）左右，而同尺寸钢制甩棍的重量则达到了将近700克，是短棍的3倍。即便是ASP超轻版铝合金甩棍及树脂甩棍，与短棍比起来重量也要多上将近100克。

重量的加大一方面会增加甩棍的打击力，但是另一方面也会影响实践者操控甩棍的灵活性和棍身的运动速度。从动力学上来讲，决定物体的碰撞能量大小的因素主要有两个，一个是质量，另一个是速度，其中质量与碰撞能量是一次方的关系，而速度与碰撞能量是二次方的关系，也就是说，速度增大到两倍，碰撞能量就会增大到四倍，速度对于碰撞效果的影响比质量要大得多。所以，虽然随着棍子重量的加大，碰撞能量也会增大，但是挥动棍子的速度会减小，这就使得碰撞能量以更大的幅度减小，两者综合起来，最终产生的效果还是碰撞能量的减小。除了对碰撞效果的影响之外，棍身重量的加大也会给实践者持棍的手腕增加额外的压力。

（2）重心：短棍是一根直径均匀的圆柱体，密度均匀的分布在整个棍身上，所以它的重心就位于棍身长度的中点处。甩棍则不同，最粗、最重的部分是手柄，中节、首节的直径和重量依次递减，这就使得它的重量集中在棍身的后半部分，其重心通常位于中节根部靠近手柄处。

对于挥击性冷兵器来说，重心位于前半部分更利于发力，所以短棍在这方面的优势明显要强于甩棍。换句话说，甩棍握在手里挥舞时会有用不上力的感觉，即使用再大的力量，速度和爆发力也无法发挥到极致，而短棍则不同，只要动作流畅轨迹通达，你就可以轻松地把挥击力发挥到最大限度。另外，使用甩棍时，为了获得较大的挥击力，你不得不动用更多的手腕力量，这就进一步增加了手腕所受的压力。甩棍的长度越长，重量越大，这种缺陷就越明显。

（3）手柄：早期的国产甩棍为了降低成本，通常直接使用钢制滚花手柄，这种手柄的防滑性能很差，手心稍微出点汗就很难牢固的握持。但是随着甩棍的发展，目前各个品牌生产产商已经普遍采用了橡胶和乙烯基发泡手柄，防滑性能非常出色，即使手心大量出汗也不必担心棍子会滑脱。而短棍在这方面就要差一些了，虽然比钢制手柄要好一点，但是在手心出汗时也难免会感到手滑。

（4）杀伤力：虽然通过重量和重心的对比得到的结论是甩棍在发挥力量方面不如短棍，但是这并不意味着甩棍的杀伤力就低于短棍，相反的，甩棍的杀伤力要远大于普通短棍。这一方面是因为甩棍的重量弥补了发力上的缺陷，另一方面也是由甩棍首节和棍头的形状决定的。甩棍的首节直径通常只有1厘米出头，我们知道，如果施加同样的压力，接触面积越小，产生的压强越大，因而与短棍相比而言，甩棍的首节可以产生更大的压强，这也就意味着更大的杀伤力。另外，有一些甩棍的棍头带有一定的棱角，这也在很大程度上增加了它的杀伤力。换句话说，用短棍击打头部，如果用力较大，可能会引起脑震荡，而以同样的力度用甩棍击打头部就可能会击穿头骨。

（5）可靠性：短棍是一个整体的圆柱形物体，而甩棍则是由可拆卸部件组成的，两者可靠性的高低显而易见。具体来说，甩棍在可靠性方面的缺陷主要存在于三方面。首先是开棍的可靠性，我们不止一次见到过开棍不成功的例子，导致这种现象的原因可能是技巧的问题，刚刚接触甩棍不久的人可能由于没有掌握正确的开棍技巧而无法让棍头获得足够的离心力，从而导致开棍失败，也有可能是棍子本身的问题，比如钢卡式甩棍的钢卡过紧，或者由于缺乏维护而生锈，导致开棍阻力过大，无法甩出。其次是锁定的可靠性，这主要是针对摩擦闭锁式甩棍而言。这类棍子即便锁定再好，受到震动后也可能会意外解锁——如果受到强烈的震动还不解锁的话，那么收棍恐怕就要成问题了。比如说，在打斗中如果不小心把棍子打在水泥或金属等坚硬物体上，那么就很容易导致棍子解锁收回。最后是机构的可靠性，这主要是针对机械闭锁式甩棍而言。虽然机械闭锁式甩棍的锁定可靠性远高于摩擦闭锁式甩棍，但是任何机械设备都存在一个共同的问题，那就是结构越复杂，越容易出故障，没有任何一种机械设备可以保证百分百的可靠性。所以在可靠性这方面，短棍又胜一局。

通过对比可以看出，对于擅长用棍的人来说，短棍利于发挥其高超的技艺；而对于没有基础的普通人来说，钢制甩棍的攻击效果却也立竿见影。虽然甩棍由于结构相对复杂，其可靠性要低于短棍，不过作为防身工具来讲，即便有着种种的不足，甩棍也是绝大多数人士的首选，因为便携性实在是一个决定性的因素，毕竟随身携带一根半米多长的短棍太不现实了——除非你的年龄已经到了需要拄拐杖的程度。

第一节　甩棍使用合法性讨论

从前面的章节中我们知道，甩棍脱胎于传统警棍，而且一直服务于军警部门。在世界上大多数国家，警棍对于宣誓的执法人员和军队来说都是合法的。然而，民用携带使用"专用警棍"的合法性因国家和地方司法机关的不同而有很大差异。

在巴西，法律对普通公众使用警棍没有太多限制，只不过第7102/83号法律规定，私人保安只能携带木制或橡胶警棍（没有规定长度）。如果他们通过了低致命性认证训练课程的话，他们也可能携带电击棒。在巴西，人们普遍认为橡胶警棍比木制的警棍更不容易折断骨头。

加拿大没有禁止使用警棍的法律。但含有弹簧装置的警棍除外，根据题为"关于禁止或限制某些火器和其他武器、武器零部件、附件、弹匣、弹药和射弹的条例"的条例，弹簧警棍被界定为违禁武器。不过根据加拿大法律"刑法"第90条规定，以隐蔽的方式携带任何武器包括警棍，都是犯罪。

根据香港法例第217章（枪械条例），任何人持有任何违禁物品即属犯罪，包括可扩展的警棍。

在爱尔兰，可扩展警棍被列为非法进攻性武器。

瑞典法律规定，所有类型的警棍可由私人公民依法拥有，但不得在公共场所携带。

在英国警棍于2004年列入进攻性武器清单。根据1953年"预防犯罪法"，禁止在公共场所非执法人员拥有警棍。此外，1988年"刑事司法"第141条禁止制造、销售、借出和进口固定和伸缩警棍。

在美国，警棍民用使用的合法性由各州的法律决定。诸如佛蒙特州或亚利桑那州的一些州，允许在没有非法行为或犯罪意图的情况下合法携带。加州等其他地方普遍禁止非执法部门人员携带所有"棍类"武器。这些司法管辖权有时会对受雇为警卫或保镖的人员作出例外规定，为合法携带警棍提供许可证，或为完成适当培训课程的人规定例外。

在中国，根据《人民警察法》第三十六条规定，人民警察的警械为人民警察专用，其他个人和组织不得持有和使用。执法机构有权没收违反规定持有的人民警察警械，由公安机关处十五日以下拘留或者警告，可以并处违法所得五倍以下的罚款；构成犯罪的，依法追究刑事责任。

不过到到目前为止，并没有任何一条法律规定甩棍为专门警用品。甩棍在

神兵利器 截拳道概念甩棍权威教程

法律上的定义是和双节棍一样的，都属于武术和体育用品，公民尚可拥有，个人收藏防身完全可以，虽限制携带但并不触犯法律——只有那种手柄上带有警徽字样的甩棍，才是平民不可持有的。但是当前有不少执法人员自身对相关法律并不十分了解，通常会主观地将所有甩棍全部当做违禁品，并找理由进行罚没。建议甩棍的收藏者爱好者尽可能不要把甩棍公开带到公共场合，还有就是乘坐大巴、火车、飞机、轮船等公共交通工具也不允许随身携带，必须托运。可以用一句话进行总结，就是棍友不要携带甩棍出入有"安检设备和要求"的地区或场所。同时为了避免不必要的麻烦，请勿在警务人员面前展示甩棍及其他防身用品。

第二节　甩棍的携带方法

　　作为一种便携的防身兵器，我们选择甩棍的目的是为了能够随身带着它，在遇到危险的时候可以及时拿出来以保护自己和家人的生命财产安全。所以，首先要考虑的就是如何选择可靠的携棍方法，以便在危急时刻能够方便快捷的开棍。除了便于快速开棍之外，我们还需要考虑另外两个因素：一是舒适性，我们并不能确切的知道什么时候会遇到危险，所以如果要从早到晚随身携带甩棍，舒适性是不得不考虑的一个问题；二是隐蔽性，毕竟我们不希望别人看到我们随身携带的甩棍而把我们当成暴力狂，所以必须能够在不引人注意的情况下携带它。总结起来说，常见的携棍方式有以下三种。

一、放在包里

　　把甩棍放到包里是很多人喜欢的带棍方式，原因在于这种携棍方法的舒适性和隐蔽性非常高。但是我们并不推荐这种方法。选择携棍方法最重要的一个因素就是开棍的便利性，即必须能够实现快速而便捷的开棍，而把甩棍放在包里恰恰是最不便于开棍的。以普通的无盖拉链挎包为例，经过测试，包内不装其他东西的情况下，从打开拉链到出棍、开棍，总共需要5秒钟。如果你的包是有盖的，那么在这个基础上要加上1秒钟。如果你的包里放着很多其他东西，那么至少要再加上1~2秒钟。如果你遇到危险时会感到紧张，手有点抖，那么可能还要再多加几秒钟。而如果选择用棍套携带或者贴身携带的话，开棍时间一般不会超过3秒钟。不要小看这几秒钟的差异，据说李小龙的师兄张卓庆曾经在美国哈佛大学创下每秒打出8.3拳的世界记录，即便是普通人，每秒也能打出2~3拳，在这几秒钟的时间内对手发动攻击足以对你造成致命的伤害。可以这么说，如果把甩棍放在包里，事到临头的时候再开棍是根本来不及的，除非对方非常心虚胆怯，一见到你准备掏家伙便溜之大吉。

如果一定要把甩棍放在包里，那么我们有三个建议。第一，在比较安全的环境下，比如熙来攘往的闹市区可以把甩棍放在包里，而在可能出现危险的情况下，比如走夜路的时候最好把甩棍从包里拿出来，贴身携带，甚至拿在手里——可以用报纸或杂志卷起来，以免引来路人侧目。第二，如果在突然遇到危险，比如遭遇抢劫的时候，你还没来及提前把甩棍拿出来，那么笔者建议你先用话语把对方稳住，你可以说："朋友，别伤害我，我把包里的钱全给你。"然后慢慢的打开包，假意伸手进去拿钱，摸到包里的甩棍之后，迅速开棍，实施攻击。第三，尽量把棍子放在包内便于取用的某个小口袋里，并且固定的放在一个位置，如图2-2-1所示，以便每次使用时直接伸手过去就可以拿到。另外平常也可以时不时的练习一下，以免事到临头会手忙脚乱。

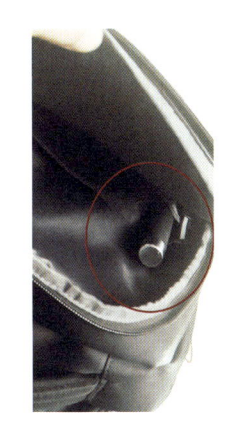

图2-2-1

二、用棍套携带

国内实践者最常用的棍套是横竖两用棍套、简易棍套或是360°旋转棍套。我们就以这两类套棍为例看一下常见的用棍套携带甩棍的方式。这些棍套大多数既可以横挂，也可以竖挂，具体的佩戴方式主要有以下三种：

（1）横挂在后侧：佩戴方式常见，如图2-2-2、图2-2-3所示，如果你惯用右手，那么就让棍套的开口向右，如果惯用左手，则开口向左。对于这种佩戴方式来说，甩棍装入棍套的方式有两种，以惯用右手者为例，你可以让甩棍的棍头向左，棍套外边露出的是棍尾，也可以让甩棍的尾端向左，则棍套外边露出的是棍头。对于前者，即棍尾在外的方式，与之配合的常见开棍方法是弧线侧开棍。对于后者，即棍头在外的方式，与之配合的常见开棍方法是直线侧开棍。

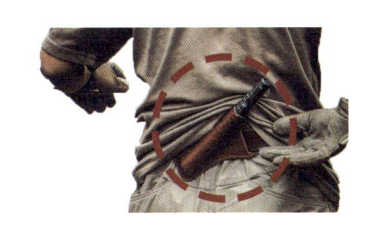

图2-2-2

这种携棍方式的缺点是只能携带较短的甩棍，如果甩棍过长的话，多出的部分就会向腰部两侧突出，即使穿着宽大的外套也无法遮住。另外，由于腰间向后突出一块，所以采取坐姿时舒

图2-2-3

33

适性会比较差。

（2）竖挂在右侧：佩戴方式常见如图2-2-4、图2-2-5所示。对于这种佩戴方式，甩棍装入棍套的方式也有两种，一种是棍头向下，棍尾露在棍套外边；另一种是棍尾向下，棍头露在棍套外边。对于前者，即棍尾在外的方式，与之配合的常见开棍方法是弧线下开棍和弧线上开棍。对于后者，即棍头在外的方式，与之配合的常见开棍方法是直线上开棍。

图2-2-4

图2-2-5

这种方式是三种棍套携带方式中最便利、也最常用的一种。如果你选择使用棍套携带甩棍，那么我建议你选择这种方式。另外，如果你并不十分熟悉直线开棍方式，那么最好选择棍头向下的携棍方法。

（3）竖挂在左侧：佩戴方式如图2-2-6所示。这种方式与前一种类似，不过一般只使用棍头向下，棍尾在上的方式来携带。与之相配合的常见开棍方式是弧线下开棍。有的人会选择将这种佩棍方式与"居合开棍"结合使用，不过我们并不推荐这种做法，因为在将甩棍从棍套中抽出的过程中必然会受到一定的摩擦阻力，除非实践者通过习以为常的练习，否则会影响居合开棍动作的顺畅，很容易导致开棍失败。

图2-2-6

这种带棍方法的缺点是，开棍时右手需要从身体左侧跨越到身体的右侧，行程较长，暴露的空当比较大，容易被对方识别所乘。

三、贴身携带

在三种携棍方式里，这种方式是实践者较少选用的一种，但是也是我们要强烈推荐的一种。很多实践者之所以不喜欢选用这种方式，主要是担心在活动时甩棍会意外掉落。其实只要选择正确的位置，腰带系紧一点，在日常活动中是很难滑落的。这种携棍方式的优点是隐蔽性要远远高于前述两种方法，而且开棍速度较快。

大多数选择贴身携带甩棍的实践者往往喜欢把甩棍别在后腰上，这种方式的缺点与横挂棍套携棍方式相同，一是弯腰时会暴露你的棍子，二是采取坐姿时舒适性较差。其实与这种方式相比，有一种方式可以提供更好的便利性、舒适性和隐蔽性，那就是把棍子以45°的角度斜插在裤子里面，腹股沟的位置——也就是采取坐姿时腹部与大腿之间的夹缝处，这可以称之为"腹前贴身携带"。下面我们就具体考察一下这种携棍方式给我们带来的优势。

首先是隐蔽性。腹股沟是大腿与腹部之间的两条天然凹陷，在这个位置放上一根甩棍之后高度基本是与腹部平齐的，不会有明显的突起，而且棍子可以牢牢的卡在这个凹陷位置，不容易滑落。如果腹部脂肪稍多的话，效果会更好。采用这种方式时，甩棍的多一半会隐藏在裤子之内，只有一小段棍尾露在外面，只要把上衣稍微向下拉一点就可以完全把它盖住。在这种情况下，不管是你是坐是动，是站是卧，是弯腰还是伸臂，都不会暴露出你的棍子。简单点说，除非你带着棍子当众表演金刚铁板桥，否则没有人会发现你带着甩棍。不过还需要注意的是，不要用这种方法携带23英寸以上的甩棍，因为大于这个长度的话裤子前面会稍微看到一些痕迹。

其次是舒适性。很多人之所以从来没有考虑过这种携棍方式，主要是因为这个位置离下体要害比较近。他们担心把棍子放在这里舒适性会比较差，会妨碍日常活动，实际上亲身试过就知道，这种担心是完全多余的。与其他贴身携带方法相比，这种方式基本上可以提供最高的舒适性，因为甩棍是位于腹部和大腿之间的夹缝内，丝毫不会影响包括髋关节在内的任何一个关节的活动。毫不夸张地说，在调整到最佳位置，并且适应了一段时间之后，你甚至会忘记棍子的存在。

最后再让我们看一下开棍的便利性。使用这种方式携棍时，最适合的开棍方法就是弧线上开棍，将棍子从腰间抽出，上开棍，劈棍，一气呵成，基本上可以在2~3秒内完成从抽出甩棍到攻击的全部动作，速度非常快。所以，我们强烈推荐这种携棍方式，如果你有所怀疑，可以亲身试一下，实践出真知。

另外，你还可以在这种携棍方式的基础上稍加变化，不把甩棍插入裤子中，而是插在腰带和裤子之间。这样在开棍时就可以将棍子直接向下抽出，然后弧线上开棍，劈棍。这种方式可以让开棍速度进一步加快，可以说是所有携棍开棍方式中最快的一种。但是，根据实际的使用经验，这种携棍方式也有两个缺点，一是隐蔽性稍差，平时需要用比较长大的上衣盖住；二是比较容易滑落，需要把腰带系紧一些。

四、别卡在衣兜

这种携带方式主要是针对那些袖珍甩棍而言的。所谓袖珍甩棍指的是长度远远小于常规甩棍的小型甩棍（图2-2-7~图2-2-9）。一般情况下，袖珍短棍形如钢笔，在闭合状态下大约长十几厘米，伸展开后长度可达三十多厘米。除了大小长短与常规甩棍有明显区别外，袖珍甩棍还有一个类似于钢笔的卡夹。实践者可以利用这个卡夹把袖珍甩棍别在上衣内外衣兜或裤子口袋里，使用的时候直接抽拔出来即可。

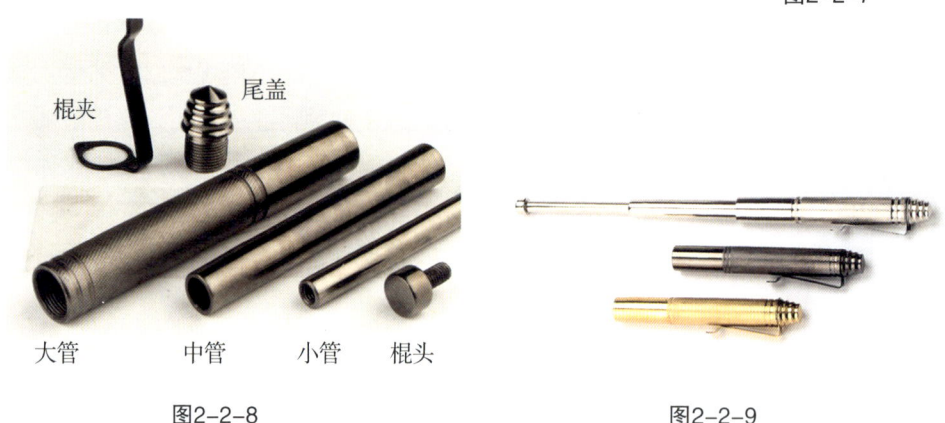

图2-2-7

图2-2-8

图2-2-9

相对常规甩棍来说，袖珍甩棍隐秘性好，方便携带；不过缺点也十分明显，就是在相同的环境或条件下，其攻防性能远远逊色于常规甩棍。

当然，如果你的衣服口袋足够大，能够容纳常规甩棍的话，直接把甩棍放到其中也不失为一种好的携带方式。但是，固定性、舒适性与隐秘性仍是考量这种携带方式最关键的因素。

五、车载携带

这只是一种携带隐藏方法，至于快速出棍与开棍则无从谈起了。我们可把甩棍放到山地车装备包内、摩托车后座包里；也可以把甩棍放到自己的轿车内。需要注意的是，甩棍放到车里时要放到不明眼的地方，最好还是"藏而不露"。否则，由于管制限定，有时很可能会引起不必要的麻烦。

第三节　甩棍的出棍与开棍

由于甩棍特殊的结构，注定了其武器功能的多样性。在收缩闭合情况下，甩棍整体变短，握在手中可以作为掌棍（相关内容详见后边章节）之用。相反，甩棍在完全伸展的开放状态下，则不折不扣成了短棍。基于甩棍的这两种应用状态，实践者从携带到启用甩棍这个过程中，大致存在三种方式，即出棍、开棍与出棍结合开棍。

一、出棍方式

所谓出棍，指的是甩棍从闭合隐秘状态到离身闭合状态的过程。其实这个过程很简单，实践者只需"顺手"把闭合状态的下的甩棍从身上"拿"出来即可。不过应该注意的是，出棍并非简单地拔棍，而是需要根据攻防现实状态，做目的明确的防御或突袭地出棍动作。这个内容我们将在后面的章节以战例的形式展示给大家。这里暂且不作过多说明。

二、开棍方式

所谓开棍，指的是甩棍从闭合隐秘状态到离身伸展状态的过程。甩棍种类结构上的差异，决定了不同甩棍开棍方法也各不相同。自弹式甩棍可以通过按动手柄上的开关而实现自动开棍。机械闭锁式甩棍可以一手握住手柄一手捏住棍头用双手轻松拉开。

在所有的甩棍的开棍中，对技巧要求最高的就是钢卡式和磁吸式这两种摩擦闭锁式甩棍开棍了，因为实践者需要通过相应的动作让甩棍的首节与手柄之间形成很大的相对加速度，这样才能使首节克服钢卡的摩擦力或磁铁的吸引力冲出手柄，并且在冲出之后仍保持较高的加速度以便在开棍到位时形成牢固的摩擦锁定。机械闭锁式甩棍也可以采用甩开的方式，不过由于不必提供摩擦锁定，所以开棍时并不需要那么高的相对加速度。

对于钢卡式和磁吸式甩棍而言，开棍方式大体可以分为两种，一种是弧线开棍，开棍过程中手柄沿弧线运动；另一种是直线开棍，开棍过程中手柄沿直线运动。两者的形式不同，力学原理也略有差异。

1. 弧线开棍

这是在实践者中应用最广泛的一种开棍方式。在弧线开棍过程中，收缩状态下的甩棍会围绕着特定圆心做弧线运动，使首节获得足够的离心加速度，产生足够的离心力，克服钢卡阻力或磁铁的吸力，完成开棍。根据运动力学原理，物体的离心力等于物体的质量乘以速度的平方，再除以旋转半径，即$F=mv^2/r$，其中F为离心力，m为物体质量，v为速度，r为旋转半径。对于我们讨论的问题来说，公式中的质量是保持不变的，所以会对离心力产生影响的就是角速度和半径这两个因素，随着半径的增大，离心力以相同的比例增大；随着速度的增大，离心力以平方倍数增长。

通过上面的分析可以看出，速度对离心力的影响要远大于旋转半径的影响。一些初次接触甩棍的人之所以会出现开棍失败的情况，主要就是因为技巧的问题而导致无法获得足够大的速度所致。

下面就让我们来看看弧线开棍方法的具体动作。弧线开棍主要分为三种：弧线下开棍、弧线上开棍和弧线横向侧开棍。其中最为常用的就是弧线下开棍，所以我们就以这种方法为例简单分析一下开棍的过程。弧线下开棍又有两种不同的开棍方式。

（1）弧线下开棍方式一：实践者以肩关节为圆心，肘关节伸展，腕关节保持不动，手握甩棍直臂向下挥甩（图2-3-1~图2-3-3）。这样做是可以顺利完成开棍的，不过相对要费力一些。因为决定离心力的因素是旋转半径和速度，虽然在这种情况下旋转半径可以达到最大值，但是随着直径的增大，为了获得足够大的速度，你需要花费更大的力气。

图2-3-1　　　　　　　　图2-3-2　　　　　　　　图2-3-3

（2）弧线下开棍方式二：实践者先将前臂向上抬，手腕略上挑，然后用上臂带动前臂以肘关节为轴向下挥摆，同时通过的手腕下压，进一步加大甩棍的旋转速度，完成开棍（图2-3-4~图2-3-7）。注意这个过程中手腕要保持放松。在这种开棍方法中，前臂的摆动幅度很小，这样做虽然减小了甩棍的旋转半径，但是随着半径的减小，再配合上手腕的二次加速，可以更容易的让甩棍获得更大的速度。从分析中我们已经知道，速度对离心力的影响更大。与第一种方法相比，这种开棍方法更加省力，推荐选用。

第二章 甩棍使用入门

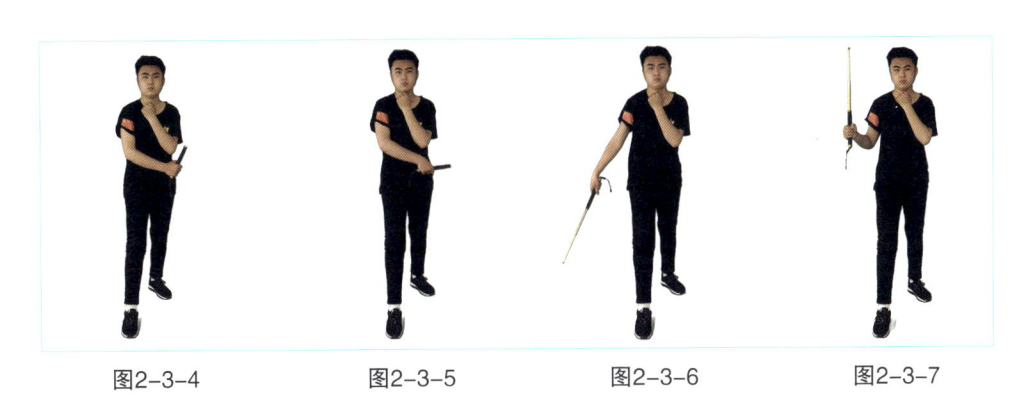

图2-3-4　　　　　图2-3-5　　　　　图2-3-6　　　　　图2-3-7

（3）弧线上开棍方式：弧线上开棍的动作过程与弧线下开棍完全相反，实践者右手正握住置于身体左腰侧甩棍或右手反握置于身体右腰侧的甩棍，然后用上臂带动前臂以肘关节为轴向上挥摆，同时通过手腕的上挑，进一步加大甩棍的旋转速度，完成开棍如（图2-3-8~图2-3-15）。

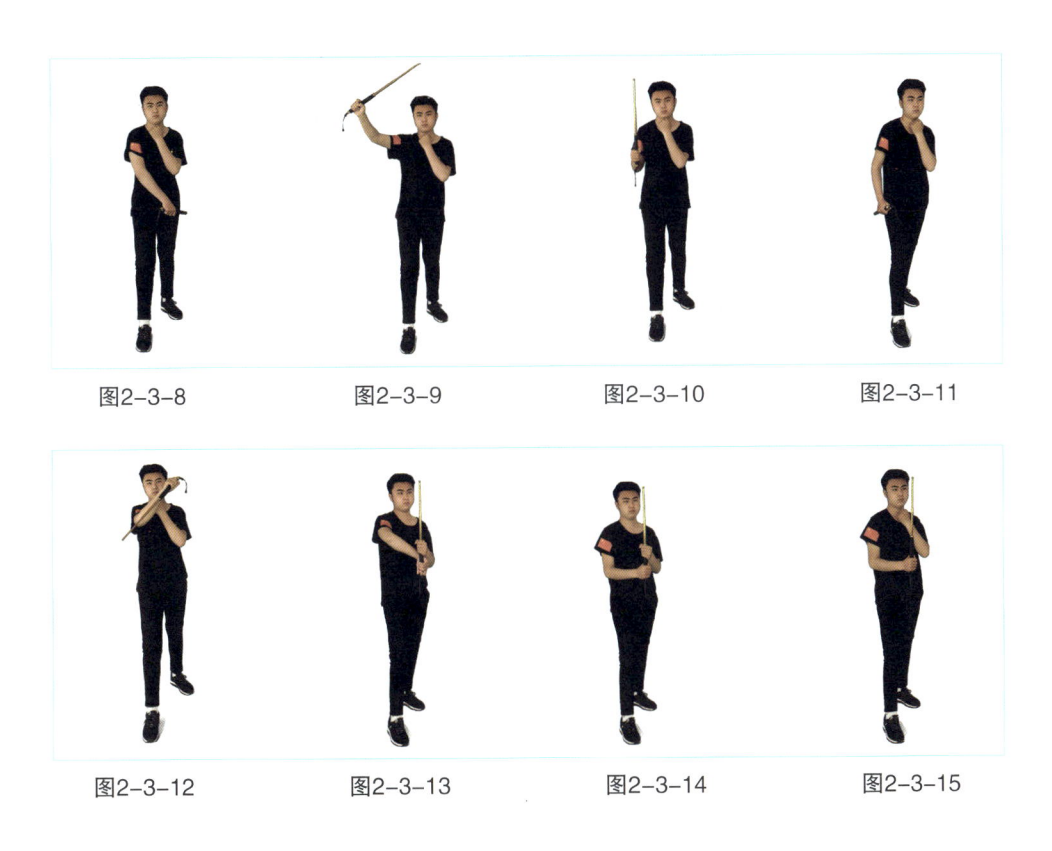

图2-3-8　　　　　图2-3-9　　　　　图2-3-10　　　　图2-3-11

图2-3-12　　　　图2-3-13　　　　图2-3-14　　　　图2-3-15

由于弧线下开棍有甩棍自身重力的帮助，所以相对容易一点。而弧线上开棍和侧开棍相对来说则比较难掌握，平时需要多加练习。

39

（4）弧线横向侧开棍方式：弧线横向侧开棍与前两种方法类似，以右手为例，从起始位置开始，先是上臂带动前臂水平向右摆动，然后前臂带动手腕向右旋抖，节节传递，逐级加速，完成开棍。左侧置棍正手握侧开动作如图2-3-16~图2-3-18所示；背后置棍反手握侧开动作如图2-3-19~图2-3-24所示。

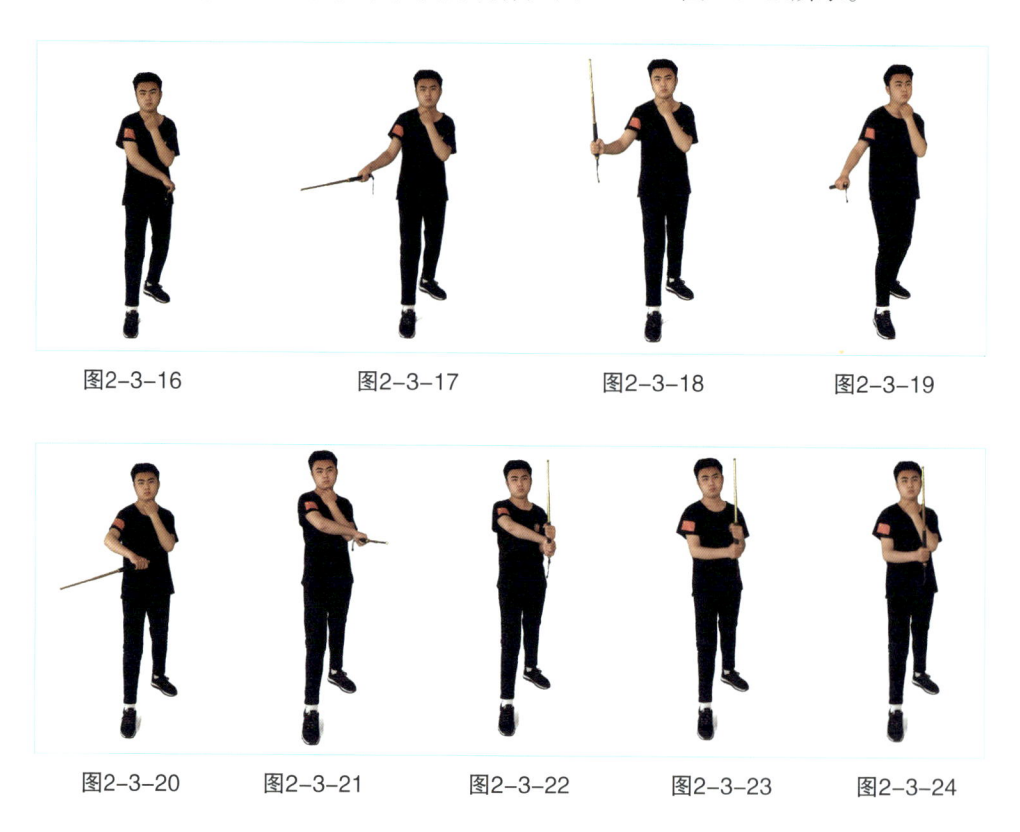

图2-3-16　　　图2-3-17　　　图2-3-18　　　图2-3-19

图2-3-20　　图2-3-21　　图2-3-22　　图2-3-23　　图2-3-24

2. 直线开棍

很多实践者，尤其是初次接触甩棍的人很少使用直线开棍方法，但是实际上这种方法并不难掌握，而且我们感觉它的实用性比弧线开棍更高，没有角度的限制，即便在狭小的空间内也能顺利开棍。当然，这是需要大量练习才能达到熟练运用的程度。

（1）直线开棍的原理：在直线开棍的过程中，用手握住收缩状态下的甩棍，先让它沿直线向某个方向快速运动，使其获得一个较大的加速度，在运行一段距离之后突然用另外那只手拍挡持棍手手腕止动，顿一下止动，瞬时手握棍柄朝着与原运动路线相反的方向运动。这时由于惯性作用，甩棍的首节和中节仍有保持原来的运动状态的趋势。这样一来，在甩棍的首节与手柄之间就存在一个很大的相对加速度，在这个相对加速度的作用下，首节就会克服止动机构的阻力，从手柄中冲出，完成开棍。

（2）直线开棍的示范：在直线上开棍过程中，实践者的持棍手先快速向上运动，在到达一定位置之后猛然向下一顿，甩棍的首节和中节就会在惯性力的作用下向上冲出（图2-3-25~图2-3-27）。直线下开棍的原理相同，只是动作完全相反。这种开棍方法适用于反手握棍的方式，持棍手先快速向下运动，在到达一定位置之后猛然停顿上提，甩棍的前两节就会在惯性力和重力的合力作用之下向下冲出（图2-3-28~图2-3-30）。在直线下开棍中由于有甩棍自身重力的帮助，所以与上开棍相比会比较容易一些，只需轻轻向下一抖就可以完成开棍。

在了解了直线上开棍和直线下开棍的原理和动作之后，我们就可以把它扩展开来，实现任意角度的直线开棍，比如适用于正手握棍的直线前开棍（图2-3-31~图2-3-33）和直线左开棍（图2-3-34~图2-3-36），以及适用于反手握棍的直线后开棍（图2-3-37~图2-3-39）和直线右开棍（图2-3-40~图2-3-42）等。

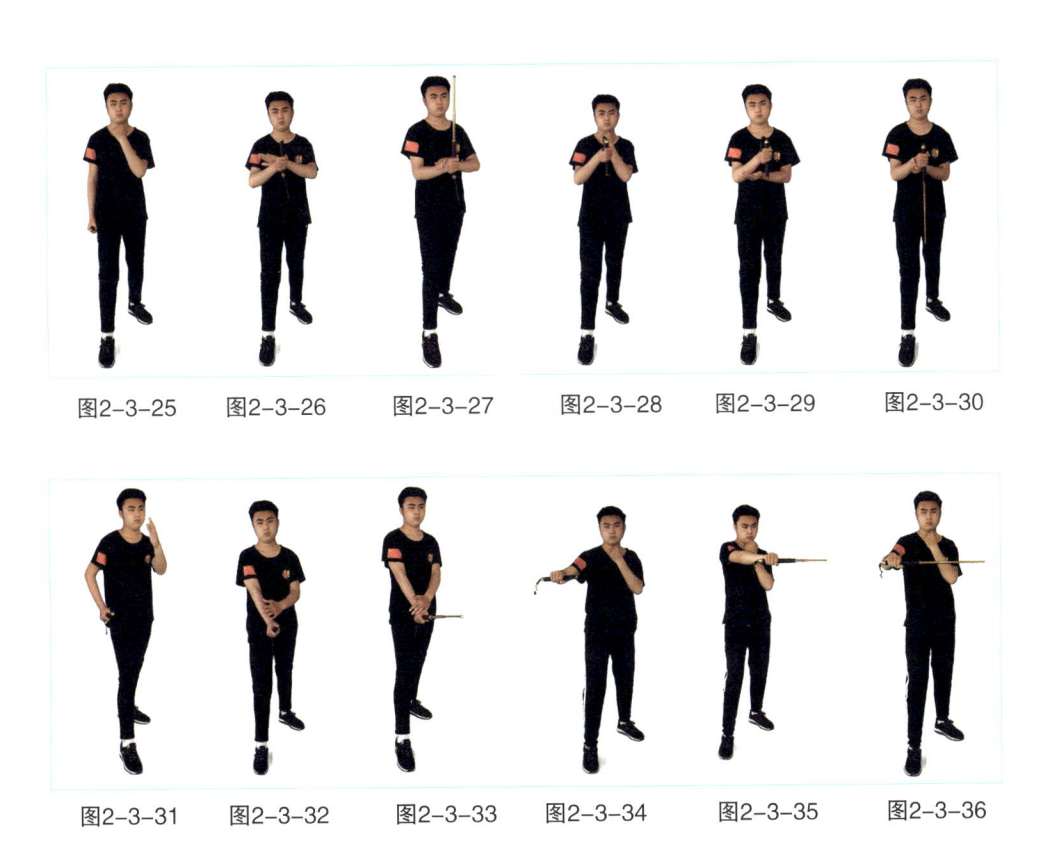

图2-3-25　　图2-3-26　　图2-3-27　　图2-3-28　　图2-3-29　　图2-3-30

图2-3-31　　图2-3-32　　图2-3-33　　图2-3-34　　图2-3-35　　图2-3-36

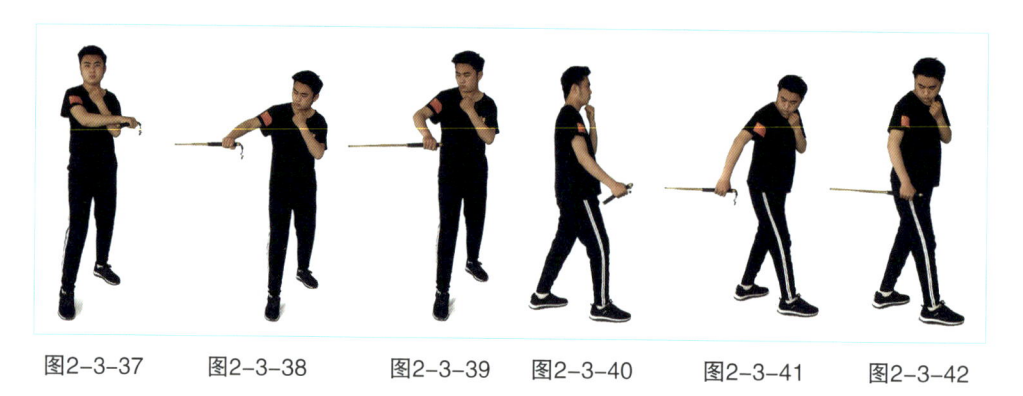

图2-3-37　　　图2-3-38　　　图2-3-39　　　图2-3-40　　　图2-3-41　　　图2-3-42

三、出棍与开棍结合

我们的甩棍体系技术以精简实用为原则，出棍与开棍结合运用正是这个原则的体现。所谓出棍与开棍结合指的是，出棍与顺势开棍一个动作相融合，同时直接用于攻防。这个内容我们也留待后面章节详解，这里就不再讨论。

第四节　甩棍尾绳用法

尾绳的实用性在国内实践者之间有着比较大的争议，既有认为尾绳必不可少的积极派，也有认为尾绳狗尾续貂的消极派，但是占人数最多的恐怕还是认为尾绳可有可无的中立派。其实单纯从防抢和防脱手的角度来说，如果使用正确，尾绳在这方面的效果是要优于防抢尾帽或防脱尾环的。不过，与防抢防脱尾帽相比，尾绳也有两个明显的缺点，一是携棍时尾绳的位置，如果垂在外面会比较碍事，也降低了携棍的隐蔽性，如果塞到裤子里又会影响出棍速度；二是如果想让尾绳起到防抢效果，那么就必须把它缠到手上，这需要一定的时间，所以使用尾绳时的出棍速度必然要低于使用防抢尾帽时的出棍速度。

一、尾绳使用的要求

尾绳的使用必须满足两个要求，一是防抢作用要好，也就是说当你不想撒手时，对方无法把棍子抢走，也无法把你的棍子震脱手；二是要能迅速脱离，也就是说当你遇到危险情况想弃棍时（比如棍子完全被对方控制，或者棍子被卡住时），要能够及时地把手从尾绳中退出来。

二、常见尾绳用法及误区

在广大的甩棍实践者中，最常见的尾绳用法有两种，但效果都不理想。

（1）把尾绳直接挂在手腕上。绝大多数的实践者均采用这种用法，但这并不能说明它的效果好，正相反，这种用法基本上可以说没什么优点，上面所说的两个要求都无法满足。第一，它没有将你的手与甩棍手柄牢固的绑定，并不能提供真正的防抢作用。当对方夺棍时，尾绳的作用只是在你的甩棍被人从手里抢走之后仍然挂在你的手腕上，而此时棍子其实已经在对方的控制之下。当受到强烈震动棍子脱手飞出时，尾绳甚至会拽着棍子反弹到你自己的身上。第二，把手腕套入尾绳的过程需要跨越整个手掌的距离，相对来说比较费时间，而且更重要的是，在甩棍被卡住或被对方控制之后，你根本无法迅速的将尾绳从你的手腕上脱下。

（2）把尾绳套在除拇指以外的四指上。这种用法比上一种用法要好一些，手指套入尾绳需要的时间比较短，在危机时刻手指也能够迅速的从尾绳中脱离，可以满足上面所说的第二个要求。但是同样的，这种用法仍无法实现真正的防抢作用。

三、尾绳的正确用法

下面我们明确正确的甩棍尾绳用法：第一步，把尾绳挂在拇指上；第二步，让尾绳从手背上绕过；最后一步，用手握住甩棍的手柄（图2-4-1~图2-4-4）。在这种用法中，整个手掌会被牢牢的绑定在手柄上，既无法向后运动，也无法向前运动，真正的起到了防脱手的效果。同时，尽管绑定牢固，但是真正被尾绳套住的只有一根拇指，在遇到危险想弃棍时，只需要松开棍柄，将手掌转为掌心向上并后撤便可从尾绳中退出。在使用这种方法时，要调整好尾绳的长度，不能过长或过短，大致等于你的手掌宽度加两倍的手掌厚度，通常甩棍尾绳长度为15~20厘米。

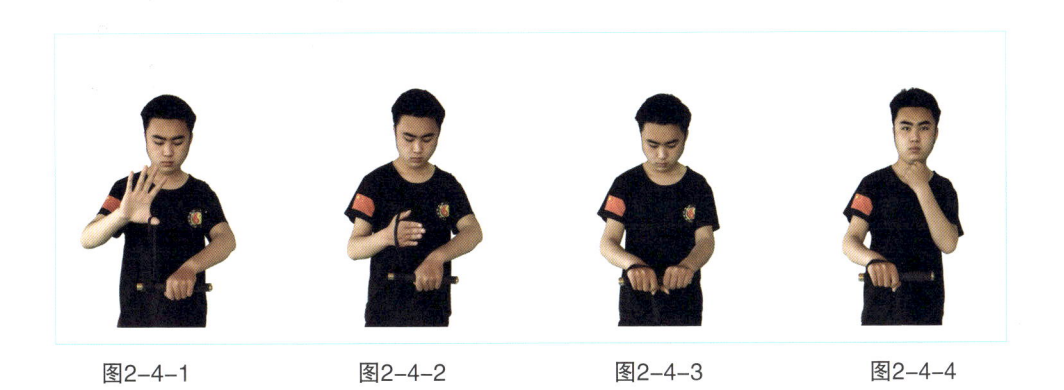

| 图2-4-1 | 图2-4-2 | 图2-4-3 | 图2-4-4 |

有朋友可能会问：这样把尾绳在手上绕来绕去的岂不是要用很长时间？还没等你把尾绳缠好，对方可能早已经把你撂倒了。事实并非如此，上面的分步骤讲解只是为了让你看的更清楚，其实真正的出棍过程是非常短的。

下面我们就看一下这种方法在实际中的应用，即使用尾绳的快速出棍法。这种出棍法只适合于甩棍放在身体右侧，棍头向下的携棍方式。以腹前贴身携带为例，把棍子斜插在腹前，外面露一小段棍尾。把尾绳的前半段塞入裤子里，外边只留后半段即可，注意把两股尾绳分开一些，以便于拇指能顺利套入尾绳中。出棍时，拇指向下插入尾绳中，并顺势将尾绳的前半段拉出；然后旋转手腕，让尾绳从手背上绕过；最后，手贴着身体上提，将棍子从腰间抽出的同时用手掌紧紧握住。如果你喜欢使用尾绳，就需要多花点时间来练习一下这种出棍方法，只要稍加训练，整个出棍过程基本就可以控制在两秒钟左右。

这种出棍方法所花费的时间实际上并不会比不挂尾绳的出棍时间慢太多。因为如果不挂尾绳的话，露在裤子或棍套外边的只是一小段棍尾，在你用手抓住这段棍尾将棍子抽出的过程中，尚需将手掌前移，以便调整好握棍姿势，这个过程也是需要一定时间的。而采用上述的出棍方法则不需要这个调整过程，在将棍子抽出的同时手掌也已经到位了。

除了上述方法之外，还有一种不错的尾绳用法。这种方法是把尾绳的末端绑在甩棍手柄上，使用时把手指伸入尾绳与手柄之间。这种用法也可以满足前面所说的两个要求，既能起到有效的防脱手作用，也能在危机时刻迅速脱离。不过，大多数实践者通常是把除拇指以外的四指全部伸入绳圈中（图2-4-5），这样做的缺点是，在出棍时需要先将棍子抽出，然后再把手指伸入，比较浪费时间。这里我们的建议，出棍时只把小指和无名指伸入露在外边的绳圈中，然后手掌贴着身体上提，将棍子抽出，同时其余三指握紧，如图2-4-6所示。与四指全部伸入绳圈相比，这样做可以节省出棍的时间。

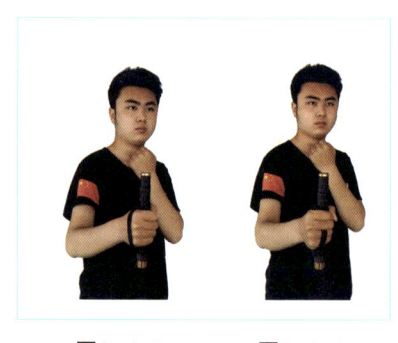

图2-4-5　　　　图2-4-6

第五节　甩棍的收棍方式方法

对于机械闭锁式甩棍来说，只要锁定机构不出现故障，收棍一般不会出现什么问题，只要按动或转动相应的机关就可以轻松将棍子收回，这就是所谓的

"一键收棍"。但是对于摩擦闭锁式甩棍来说，为了能够在使用中提供较高的安全性，棍子展开时的锁定必须牢固可靠，这样一来，收棍就不可能像机械闭锁式甩棍那样轻松了，需要一定的技巧。

首先需要注意的是收棍地点的选择。一定要选择坚硬平实地面，比如水泥地。注意地面要清洁，不要有砂子，因为砂子的硬度很高，会划伤棍头。为了避免棍头受到损伤，你可以在地上垫一本薄书或者一沓报纸，注意垫的书不要太厚，那样会在你收棍时形成缓冲，导致收棍失败。不要在松软或不平整的地面上收棍。也不要在易碎的地面上，更不要在木地板上收棍，以免损坏地面。

收棍时有人喜欢用手死死地握住棍柄，使用暴力向下戳击，这样当然是可以将棍子收回的——只要棍头受到的力大于棍节之间的锁定摩擦力就可以了。但是这并不是最好的方法，一来比较费力，如果是棍子的锁定比较牢固，那么这种收棍方法需要花费很大的力气；二来长此以往也容易弄坏棍子的部件。比较好的方法是用拇指和四指轻轻捏住手柄，棍头向下，离地约十几厘米，然后以脆劲将棍子快速的"掷"向地面，通过棍子与地面撞击产生的震动来迫使棍子解锁，解锁之后将首节和中节轻轻压入手柄中即可。简单地说，这两种方法的区别本质在于，前者的用力方式是"捅"，而后者的用力方式是"磕"。

收棍时注意棍身与地面要尽可能的垂直，如果棍身偏斜会导致收棍时棍头滑向一旁，棍体有可能会无法解锁，同时也容易造成棍头表面划伤。为了更好地使棍身保持垂直，可以选择在台阶处收棍。其实如果按上面所说的，用拇指和四指轻轻捏住手柄，而不是用整个手掌死死握住，那么基本就可以让棍身保持比较好的垂直。

经常有人反映收棍时总是手柄与中节连接处先解锁，其实这在一定程度上也属于正常现象。因为棍子在甩出时越靠近前端获得的离心力越大，锁定自然也就越牢固。出现这种情况时，如果你担心继续按照常规方法收棍会由于中节与钢卡的撞击而导致钢卡受到损伤，那么可以这样操作：将棍子重新提离地面，用左手捏住棍子的首节并上提，直到中节的尾部顶住钢卡为止。然后，用左手保持中节和钢卡的接触，同时右手继续按照前面的方法收棍，在棍头即将接触地面时，迅速将左手撤掉。如果一次不成功，重复上述动作，直到成功将首节收回为止。

另外，有时会听到一些实践者说"我的棍子锁死了"，其实这是一个错误的概念，对于摩擦闭锁式甩棍来说，由于它并没有锁定机构，完全依靠摩擦力来实现锁定，所以是不存在"锁死"问题的。就像前面所说的，即便是你没有掌握震动解锁的正确技巧，也完全可以依靠暴力撞击的方法将棍收回，只要撞击力大于锁定部位的摩擦阻力，棍子必然会解锁。

第三章　甩棍攻防基础

甩棍最基本的功用就是实践者把它用于攻防武器来防身自卫。从本章节开始，我们课程正式进入这个主题的第一个内容——实战基础。

第一节　避战以求自保

孙子曰"不战而屈人之兵，善之善者也"，即其把不战视为战争的最高境界。毕竟，不管你有多强大，对方有多弱小，你都不可能完全保证自己在打斗中不会受到任何伤害。唯一你能确保自己可以毫发不损、全身而退的一种战略战术就是你永远没有参与到战斗之中。与其寄希望于高超的格斗技巧或祈求上天保佑危险不会发生，倒不如在真正的危险发生之前想方设法的避开或消除它。

总体说来，防卫可以分为五个等级。第一级是避让，也就是树立安全意识，避开危险的环境和人物；第二级是阻止，也就是让自己看起来不易被侵犯，让攻击者放弃攻击你的意图；第三级是平息，即在冲突即将爆发时通过各种方式来消除它；第四级是规避，也就是通过逃跑或设置障碍来避开对方的攻击；第五级才是对战，即面对面的接触格斗，这是在前面那些方式都无法奏效之后所采取的最终防卫手段。下面我们就来看一下怎样通过前面的四种方式来避免暴力冲突的发生。

一、避让

如果你不得不实施防卫，那么即便是你赢了，也难免可能会出现进一步的问题，比如防卫过当，招致事后的打击报复等。所以最好的防卫就是保持警惕，避开可能发生危险的地方。比如，罪犯往往喜欢在黑暗、偏僻的地方袭击孤身独走的行人，因为在这种地方其不必担心有人目击他的罪行，作为防卫者避开这类地点则是很明智的做法。但是如果你的工作性质或生活环境决定了你不得不到这种地方去，那么你仍可以采取其他措施来降低危险系数，比如避开好勇斗狠的人，避免做出可能引发冲突或使冲突升级的行为。

如果你一旦预感到危险的存在，应该马上掉头走开，而不要卷入其中。举个例子来说，如果你走在街上，发现两个可疑人物迎面走来，你觉得他们很可能会对你实施攻击，那么你是抽出甩棍做好战斗准备呢，还是走到马路的对面躲开他们呢？后者显然是优先的选择。无论何时何地，避开危险永远是可选择的最佳反应。

二、阻止

有的时候危险是无法避免的。有时你出于某种原因不得不涉足危险区域，也有时麻烦会自动找上门来。当你的第一级防卫失败时，那么你可以进入第二级防卫——阻止。

阻止攻击者的最佳方式就是让自己具有一种威慑力，让对方觉得任何冒犯的人都会被撕成碎片。这一点也许不太容易做到，但是你最起码可以尝试让自己看起来不像是一个容易受到伤害的人。比如说，走路时保持积极向上的精神状态，目光坚定而锐利，对周围保持警惕，看起来就会比较自信和有力。而那些总是盯着地面缓缓而行的人看起来则让人感觉比较软弱。另外，整洁得体而不花哨的衣服也可以让你看起来更加自信。不管你信还是不信，一个自信的人往往会让那些心虚的攻击者望而却步。因为，攻击者的目的并不是找一个比武对手，他只是想找一个袭击目标，如果攻击看起来不容易得手，那么他一般也不愿意自找麻烦。

三、平息

暴力冲突有时是可以平息的。比如在遇到抢劫时，你可以选择把身上的财物掏出来扔到对方面前，而不是与他进行殊死搏斗，毕竟生命要比金钱重要，破财免灾往往是更好的选择。再比如，当你与邻居发生争执时，可以通过默默地接受对方的辱骂和恐吓来阻止冲突的发生。当然了，遇到这种情况时，你的情绪往往会比较激动，要做到这一点可能比较困难。但是事后你就会发现，与一时冲动就大打出手相比，这样做绝对是一个更好的选择。

你应该学会了解一些危险的信号，比如咆哮、眼睛睁大或瞳孔缩小、颤抖等，这些都意味着对方已经非常激动，可能要伤害你了。在这种情况下，你可以试着给对方一个台阶，给他一个不动手的理由，平息即将爆发的冲突。另外，在冲突即将爆发时，你要做好防卫准备，但是不要做出任何攻击性动作。

四、规避

在前面的几种方法都行不通时，你还可以选择规避。所谓规避，既包括从冲突中脱身而逃，也包括在你和对方之间设置障碍，还包括创造一个无法实施攻击的环境，总之就是一切可以摆脱对方攻击的方法。但是非常明显，当对方抓住你的时候你是无法逃脱的。所以你必须想办法不让对方靠的太近，当其贴近你的时候，你必须创造一个空间，以便于你脱身。

  你要维持一个安全的个人空间。这个空间大约等于你的拳能打到的距离。如果对方试图进入这个区域，那么向后退开一点。倘若对方继续贴近，那么他很可能就是不怀好意了——也许会突然向你发起攻击。在这种情况下，你可以双手抬起，掌心向前，阻止对方的前进，或者也可以绕到桌子等物体之后，在对方面前设置一个障碍。

  不要指望发生冲突时有路见不平拔刀相助的大侠出现。外来的帮助往往是不会自己出现的，即便你向别人求助也不见得能得到帮助，一些人可能会出于冷漠、恐惧和自私而拒绝帮助你。而且，当帮助真正出现时往往已经太迟了。所以，你必须从一开始就假定只能依靠自己的力量，不过同时也要采取积极的措施去寻求帮助。

  你可能认为突然出现的目击者会阻止对方继续攻击，但事实并非如此，有些人根本不在乎被人看到，或者由于醉酒或暴怒而无视目击者的存在。另外，出于某种心理原因，在攻击已经开始之后，攻击者往往不会因为有人出现而停止攻击。不过，如果你能够把冲突转移到新的环境中，那么攻击者的想法可能会改变，他可能会因为感受到目击者带来的威胁而停止侵害。

  如果你不得不选择逃跑，那么尽量要跑向比较安全的地方，而不能只是为了远离危险而慌不择路的乱跑。在冲突即将发生时，应该尽量脑子里提前设计好一个逃跑方案。在逃跑的过程中，可以利用障碍物和人群来阻碍对方的追击。

第二节　人体要害部位说明

  前面章节已经讲过，由于钢制甩棍重量大，且有的棍头有一定棱角，所以它的杀伤力比普通木质短棍要大得多。如果用甩棍攻击人的头部等要害部位，很可能会导致对方受伤甚至死亡。通常而言，我们可以把人体的各个部位按照危险程度等级分为三类（图3-2-1、图3-2-2）。第一类为低风险区域，除了个别情况之外，击打这个区域一般只会造成暂时的伤害；第二类为中度风险区域，击打这个区域可能会导致比较长期的伤害，但通常仍是可以恢复的；第三类为高风险区域，击打该区域可能会导致持久性的伤害，包括昏迷、重伤、休克，甚至是死亡。在防身自卫时，除非你的生命安全受到严重威胁，否则尽量不要大力击打高风险区域。

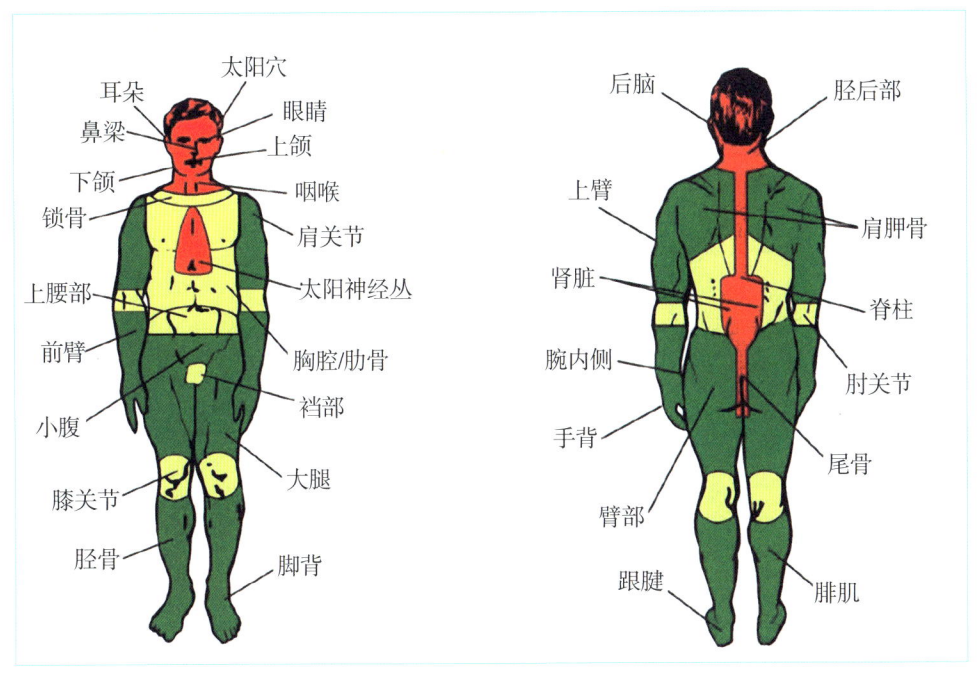

图3-2-1

图3-2-2

一、低风险区域

这个区域主要包括了四肢和背部的大部分区域。

肩：施加适当的扭矩可以导致肩关节脱臼，让对方立刻失去战斗力。

上臂：上臂的主要肌肉包括负责伸臂的肱三头肌和负责屈臂的肱二头肌。大力击打这两块肌肉可以导致对方的手臂暂时瘫痪，无法有效地使用手法技巧。

前臂：击打前臂部位可以让对方无法握拳或握持武器。

手背：击打手背可以产生非常剧烈的疼痛感，令对方的兵器脱手。

手腕：击打该部位可以让对方不由自主的张开手掌，使其兵器脱手。

小腹：小腹指的是肚脐以下的位置。大力击打该位置可能会损伤膀胱、大肠、生殖器、股动脉和脊神经。

大腿：大力击打大腿肌肉可以导致肌肉暂时麻痹或抽筋，降低对方的行动能力，使其无法使用腿法攻击。

胫骨：腓深神经直接暴露在胫骨表面，击打该区域会引起剧烈的疼痛，同时也可能导致胫骨肌肉麻痹，大大降低对方的行动能力。

小腿：小腿部位的肌肉包括比目鱼肌和腓肠肌，大力击打该部位可以导致小腿肌肉麻痹，另外也有可能损伤胫骨神经。

脚背：攻击脚背可以产生剧烈的疼痛，导致小腿局部麻痹。

跟腱：攻击跟腱的效果与攻击小腿肌的效果是相同的，因为小腿肌肉是通过跟腱与脚部连接的。击打跟腱可以引起剧烈的疼痛，降低对方的行动能力。

二、中风险区域

这个区域主要包括裆部、肘关节、膝关节、腰部两侧以及胸腹的大部分区域。

锁骨：大力劈击锁骨部位可以导致锁骨折断，使对方立刻丧失战斗力。有些情况下，断裂的锁骨还可能刺入后面的锁骨下动脉，有可能会致使对方死亡。

肋骨：暴力击打肋骨部位会导致肋骨折断或错位，有可能刺入内脏中，致使对方内脏严重受损。

上腹：肝脏位于上腹部右侧，受到损伤会导致腹腔出血。胃和脾脏位于上腹部左侧。胃部受到击打会引起呕吐。脾脏是人体的造血器官之一，很容易受到损伤而引起内部出血。

肘关节：击打肘关节可以导致肘关节脱臼，使对方手臂折断。

裆部：裆部神经末梢非常丰富，轻轻一击就可以让对方丧失战斗力。全力击打裆部可能会导致睾丸破碎。

膝关节：膝关节是一个非常脆弱的关节。当膝关节弯曲时，侧向击打很容易使其折断。而当膝关节伸直时，正向击打则更容易使其折断。另外，由于格斗中膝关节是离对方最近的一个目标，所以很容易成为被攻击的对象。

三、高风险区域

这个区域主要包括头部、颈部、心窝和脊椎的大部分区域。

头顶：暴力击打头顶会导致头盖骨顶部的骨缝错位，对内部的大脑运动神经区造成严重伤害。

后脑：击打该部位会导致小脑受到损伤，使对方肌肉协调性降低，丧失运动能力。

太阳穴：太阳穴是颅骨最薄弱的部份，而且深层颅内有众多的出血来源，遭暴力打击很容易导致脑震荡甚至是死亡。

眼睛：眼球与大脑之间的骨层薄如蝉翼，尖锐的硬物甚至是手指都可以从这里刺入大脑。通常来说，攻击眼睛可以致使对方暂时性或永久性的失明。

耳朵：耳朵内集中了大量与听觉和平衡相关的感觉神经，击打耳朵会导致剧痛、眩晕或昏迷。

鼻梁：鼻骨很脆弱，遭受攻击后很容易碎裂。虽然一般不会造成很严重的伤害，但是会让对方疼痛难忍。不过，如果击打过于猛烈，可能会使骨头碎片刺入对方脑部而致其死亡。

人中：击打该部位通常会导致牙齿折断，造成鼻骨损伤，也有可能会引发脑震荡，因为上颌骨与颅骨是紧密连接在一起的。

下巴：当击打力量不大时，下颌骨可以通过错位或骨折来吸收冲击力。而当力量比较大时，它就会把冲击力通过牙齿传递给大脑。

颈侧：颈侧聚集着颈静脉、颈动脉和迷走神经，击打该部位会导致大脑的供血在1~2秒之内被切断，从而使对方立刻陷入昏迷，但不至于毙命。

喉结：大力击打喉结部位可能会导致对方死亡，轻击则可使其疼痛难忍。

咽喉：咽喉位于颈前下部的凹陷处。在该区域，气管是直接暴露在外的，没有骨骼和肌肉的保护。以手指戳击即可导致对方疼痛难忍，大力的冲击则可能会造成气管软骨破碎，致使对方死亡。

颈后：颈后是整个脊柱最薄弱的部分。击打该部位会造成脊索严重受损，致使对方昏迷或死亡。在影视作品里经常看到以手刀劈击颈后的镜头，在现实生活中这种攻击往往是绝对致命的。

太阳神经丛（心窝）：太阳神经丛是位于胃部以下的柔软区域。该区域没有骨骼和肌肉的保护，只需轻轻一击就会震动横膈膜，导致呼吸困难。强烈的冲击可能会伤及肝脏和胃部，引起内脏出血。

脊柱：击打脊椎可能会导致脊椎关节脱位，致使对方瘫痪或死亡。

肾部：肾脏是非常脆弱的器官。它离毗邻腹部大动脉，受伤之后会大量出血。肾脏损伤可能会导致休克甚至是死亡。

尾骨：尾骨位于脊柱的最下端，骶骨之下。尾骨包覆着髋部和腿部的很多神经，受到击打后会引发剧烈的疼痛。尾骨骨折需要手术治疗，但一般不会危及生命。

在实际的交手当中，如果不是生死之争，我们要尽可能选择对手的非致命部位进行攻击，同时又要保护自身的要害部位免遭对手的打击。

第三节　持棍对敌姿势

对敌姿势也称预备势或戒备势，是格斗者真正启用攻防技术的基础平台，应该满足下列条件——便于从各个角度发起攻击，便于防守，便于前后左右移动，暴露出的空当最少。在攻击之前和攻击之后，格斗者都应该时刻保持正确的格斗姿势。对于大多数惯用右手的人来说，右脚在前的姿势更有利于甩棍格斗技术的发挥，所以本书将以这种姿势为主。对于惯用左手的人，只需将左右方向互换调整即可。

一、握棍方法

甩棍握法的正确与否直接关系到技术的发挥，所以我们必须掌握正确的握棍方法。握棍时，用手掌握住甩棍手柄中部略靠后的位置，拇指扣在食指的第一个关节上，掌心不能有任何空隙（图3-3-1）。小指和无名指紧握手柄，中指以中等力度搭在手柄上，拇指和食指轻捏手柄。在实施格挡和擒锁时拇指和食指的握法略有改变，可以用力握住手柄。

图3-3-1

对于劈击型武器来说，这种握法可以提供最大的劈击速度和力量。而相比之下，如果五指紧握手柄，则会限制手腕的灵活性，不仅影响劈击的力度，也会给手腕带来额外的压力。

二、双腿位置

实践者由双脚并步站立开始，右脚向前迈出一步，距离略等于肩宽或一小腿长度，以感觉自然舒适为度。左脚脚尖外撇（图3-3-2）。双脚之间的距离可以根据自己的习惯略作调整，只要不感觉别扭即可。双膝微微弯曲，保持弹性。身体的重心位于两脚之间。

注意双脚左右之间要保持一脚掌宽的间距，不要站在前后纵线上，至少是双脚位于前后纵线两侧（图3-3-3）。双脚同位于前后纵线上是击剑运动员采用的站立姿势。这种姿势的优点是可以减少身体的暴露面，有利于身体的前后移动，适用于快速的直线攻击。正是出于这种考虑，李小龙把它借鉴到了自己的截拳道中，以便最大限度地发挥前手直拳和前脚侧踢的优势。但是适合李小龙的并不一定适合所有人，这种姿势的缺点也很明显，那就是缺乏横向的支撑力，不便于横向的发力和移动。与之不同的是，甩棍格斗

图3-3-2

图3-3-3

中最常用的技术是斜向的劈击，这需要横向的支撑，所以并不适合采用这种双脚踩在前后纵线上的站姿。

另外，双脚左右开立的姿势也是不足取的，如图3-3-4所示，这种姿势的缺陷更为明显，一是身体的暴露面过大，容易遭受对方的攻击；二是大大限制了前后移动的灵活性。它的优点是有利于身体的横向移动，另外也便于左右手的配合使用，但是这种优势在甩棍格斗中并不明显，所以也不宜采用。

图3-3-4

三、双手位置

右手持棍，斜置于身体前方，棍身与地面的角度约为45°。棍头不要前伸，大约与手柄处于同一平面，或略靠后。左手置于下颌之前，做好防护（图3-3-5）。这种姿势既有利于从各个角度发起攻击，也便于对来自不同方向的攻击做出快速的防守。

可能有很多实践者喜欢采用扛棍式，即把甩棍置于右肩的上方（图3-3-6）。这样持棍并不是不可以，但是有一个缺点需要说明，即会限制攻击的角度。采用这种方式持棍时，棍身处于头部右侧，你只能从右侧发起攻击，如果想从左侧发起攻击，必须先让棍子绕过头部，极为不便。这样一来，对方就可以清楚地预测到你的攻击路线，从而使得其事先能够做好攻防准备。

另外，很多人在情绪激动时可能会用手里的棍子指着对方破口大骂，或者在特别恐惧时可能会将棍子前伸来阻止对方靠近，如图3-3-7所示，这是非常不明智的做法，要知道，你手里握的是甩棍，而不是长刀，棍子前伸并不能有效地威慑对方，反而为对方创造了绝佳的夺棍机会，而且不利于攻击——通常在攻击时必须先将棍收回，然后再劈出。

图3-3-5　　　　　　图3-3-6　　　　　　图3-3-7

四、微动状态

上面讲的是对敌姿势的定式形态，这种形态在实际对敌时并不利于做出快速的反应。要想应对瞬息万变的真实格斗，我们必须保持一种微动形态，让整个身体以及大脑处于一种一触即发的状态。

（一）微动状态的做法

所谓微动状态，就是让身体的各个关节处于一种小幅度的运动状态，具体的做法如下：

（1）集中精神，对周围环境保持警惕，随时准备做出攻击或防守动作。

（2）双脚在原地轻微的踏动，重心不断地在双脚之间切换。

（3）手里的甩棍不停地微微晃动，或者做小幅度地虚劈。

（4）随着对方的移动，不断地调整与对方的间距，始终保持一个安全距离。

如果单纯的文字描述难以理解，那么可以参考一下拳击比赛中两个拳手在对峙时表现出来的状态。

（二）微动状态的优势

（1）可以加快反应速度。与定式状态相比，微动状态下可以更快地对敌方的攻击做出反应——实施防守或封阻，甚至后发先至，抢先攻击。

（2）可以缩短启动时间。微动状态可以有效的提高动作的启动速度，让对方难于防范。

（3）可以隐藏攻击意图。在微动状态下，对方很难判断我方下一步的动作，从而也就无法及时进行防守。

（4）保持步法的灵活性。微动状态下，你可以更加快速而灵活的前后左右移动，躲避对方的攻击，调整与双方的距离。

本节我们主要内容讲的是开棍对敌姿势。相对于开棍对敌姿势而言，出棍对敌姿势要简单一些，即其中少了一个伸展甩棍的程序。实践者可以直接把甩棍从口袋里或是棍套里拔出来握在手中，摆成开棍对敌姿势即完成了出棍对敌姿势。其他要求也与开棍对敌姿势相同，这里就不再重复。

另外还需要说明的是，不同的对敌姿势适应不同的情形与现实状态。本节只是示范了常规的武器前置的对敌姿势，其主要适应于大多数的防身自卫情况。至于武器后置的对敌姿势则更适应于警察等执法机构人员使用。一般情况下，警察手中的武器威慑作用也相当的突出。另外，如果你一手持棍，另一手持有遮挡物，那么也可以采用甩棍后置式站位。

第四节　安全出棍开棍

出棍与开棍是使用甩棍进行格斗的前提条件，特别是开棍动作，如果在实战中不能快速顺利地完成开棍，那么甩棍的优势根本就无法正常的发挥，更别说进行有效的防卫和攻击了。千万不能因为觉得出棍是一个很简单的过程就忽视其重要性。相反，应该充分把它重视起来，为自己选择一个或几个顺手的出棍与开棍动作，并时常练习，以保证遇到险情的时候能够从容应对。

一、安全出棍的要求

从理论上说，实践者可以根据自己的习惯使用任何一种出棍方式，但是必须要满足以下的要求：

（1）安全性。必须保证甩棍能够成功的甩出，尽量采用自己最熟悉的出棍方式，同时要确保出棍过程中不要受到对方或环境阻碍的影响。

（2）速度。实战中分秒之间生死立判，所以必须要以最快的速度完成出棍，抢占先机。

（3）位置。应该尽可能让甩棍在出棍或开棍完成时，处于一个有利于发起攻击的位置，在操作之前就应该计划好攻击的角度，以便选择适当的出棍方式，为后续攻击创造有利条件。

你可能有自己习惯的出棍方式，如果能满足上述的三个条件，那么你完全可以继续沿用你自己的方法。如果你没有自己惯用的出棍方式，或者你觉得你的出棍方式并不能满足上述的条件，那么可以参考以下安全开棍方法。

二、安全开棍的方法

第一步：预备

如果当你意识到危险无法避免时，对方离你尚远，你有足够的时间完成出棍，那么采用任何一种出棍方式都没有关系。但是，如果双方的距离已经很近，那么你就必须防备对方在你出棍的过程中冲上来实施缠抱或其他形式的攻击。

对于惯用右手的人来说，作为出棍的预备姿势，右手抽棍的同时，建议你左脚在前，左手前伸（图3-4-1）。这样可以有效地控制你和对方之间的距离，防止对方扑上来阻碍你出棍。相反，如果出棍时右脚在前（图3-4-2），则会暴露出很

神兵利器　截拳道概念甩棍权威教程

大的空当，对方可以趁你出棍的时候冲上来控制你的右手，导致你无法成功地出棍。另外，如果空间较大，你也可以通过双脚不断地向后移动来控制双方之间的距离，但是要注意身后的环境，防备突然出现的人或物阻碍你的移动。

第二步：开棍

以腹前贴身携带为例，如果你已经熟练掌握了本书前面所讲的弧线上出棍，那么我们建议你采用这种出棍方式，因为它能为后面的攻击创造极为有利的条件。先将棍子抓牢，然后抽出，以上臂带动前臂上摆，抖腕，完成出棍（图3-4-3）。

如果你平时无暇做经常练习，弧线上出棍可能不是非常熟练，那么最好采用弧线下出棍。如前面所述，下出棍由于有甩棍自身重力的协助，相对比较容易，以免出棍不成功影响后续的攻击。先将棍子抓牢，然后抽出，以上臂带动前臂向下挥甩，抖腕，完成出棍（图3-4-4）。

图3-4-1　　图3-4-2

图3-4-3　　图3-4-4

第三步：攻击

实战中分秒必争，为了抢占先机，在出棍到位之后，应该立刻从出棍位置直接发起攻击，而不应再花费时间做任何的调整。为此，平时练习出棍时就应该形成良好的意识，将出棍、开棍和特定的攻击结合起来练习，形成一个连贯流畅的完整动作。

如果使用的是弧线上出棍，那么在出棍到位之后甩棍是位于右肩上方的，此时实践者可以直接右手握棍下劈，劈击对方的锁骨或颈侧（图3-4-5）。

如果你使用的是弧线下出棍，那么在出棍到位之后甩棍是位于右腿侧方的，此时你可以直接握棍前刺，刺击对方的腹部（图3-4-6）。但是要注意，采用这种

图3-4-5　　图3-4-6

攻击方式的时候必须要保证足够的安全性，如果是机械闭锁式甩棍，只需保证出棍到位即可；如果是摩擦闭锁式甩棍，除了要保证出棍到位之外，还要确保棍子本身的锁定足够稳固可靠。不可否认，我们还可以在弧线下出棍后从低位启动向高位发动的撩技来攻击对手。

上面把整个出棍流程分解成了三步来讲解，这样做只是为了便于理解，实际上出棍、开棍是一个连贯流畅的动作。从抓握到出棍、到开棍、到攻击应该是一气呵成，中间没有任何的停顿。为了保证在实战中能够有效地通过出棍或开棍来抢占先机，实践者应该在平时多加练习，争取能够在2秒钟之内完成整个动作。

第五节　居合出棍开棍

本节所谓的居合出棍与开棍，借用了日本居合道的名称，指的是在出棍或开棍的同时完成攻击的行动方式。居合出棍与开棍和前面所讲的安全出棍开棍适用的情况有所不同。安全出棍开棍适用于突然发生的冲突，在这种情况下你没有时间事先做出准备，当对方已经逼近时，你可能还没有来得及将棍子抽出来。而居合出棍开棍则适用于事先有所准备的情形，在这种情况下，你可以提前将棍子拿到手中隐藏好，当遭遇冲突时可以趁对方不注意的时候发起突袭。居合出棍需要掌握一定的技巧，并且要进行适当的练习，才能保证在实战中应对自如。

一、居合出棍开棍技巧

（一）预备

以右式为例，右脚在前自然站立，右手握棍，左手搭于右手手背之上，双手置于小腹前方（图3-5-1）。注意不要距离对方过近，大约以前进半步之后能够劈击到对方头部的距离为宜。采用这种预备姿势，对方看不到我方手里的甩棍，可以有效地隐藏攻击意图，令对方无从防备，达到出奇制胜的效果。

使用居合出棍时，一般不推荐直接从棍套中出棍，因为居合出棍对速度的要求比较高，如果受到棍套的摩擦力的阻碍，很可能会导致出棍失败。另外，

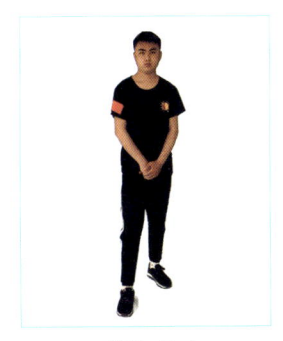

图3-5-1

当你伸手去棍套中抽棍时，对方必然会察觉到你的攻击意图，再加上出棍的动作路线比较长，如果对方经验丰富，身手敏捷，很有可能会利用这个时差冲上前来实施缠抱或是直接打击，来阻止你出棍开棍。不过话又说回来，只要通过科学训练，许多看似不能做到的我们也可以做到。

（二）出棍开棍

居合出棍开棍比较常见的攻击路线有两种，一种是从上向下的劈击，另一种是从左向右的横扫。以劈击出棍为例，右手手腕略翻转，转为手心向外，然后右脚前进半步，同时以手臂带动甩棍向上、向前，再向下挥甩，形成半个立圆，止于大腿右前方（图3-5-2、图3-5-3）。这种出棍方式的攻击目标为对方的头部或锁骨部位。在整个挥甩过程中，注意要以臂带肘、以肘带腕，节节贯通加速，让甩棍的挥动速度达到最大，这样才能保证棍子在击中目标之前已经完全开棍到位。否则，如果甩棍在击中目标时尚未达到牢固的锁定，那么必然会影响后续的防守和攻击，这在实战中是非常危险的。

图3-5-2　　　　图3-5-3

横扫出棍与劈击出棍类似，只是角度不同，右脚前进半步，同时以手臂带动甩棍向左、向前，再向右挥甩，运动轨迹形成半个平圆（图3-5-4~图3-5-6）。这种开棍方式的攻击目标为对方的头颈部右侧。横扫出棍同样要充分利用肘和腕的摆动让甩棍的速度达到最大，以保证棍子在击中目标之前能够锁定到位。

图3-5-4　　　　图3-5-5　　　　图3-5-6

二、居合出棍开棍的训练

(一) 训练方法

为了熟练地掌握居合出棍开棍技术，保证在实战中能够运用自如，你必须在平时进行适当的训练，以提高攻击的准确性和可靠性。训练的方法很简单，找一根木棍或竹竿（比如说墩布柄），在靠近一端的位置涂黑一段（大约十几厘米即可）。让你的同伴站在你的右侧，将木棍横持于头部的高度，当然也可以直接把木棍悬挂起来，然后按照前面所讲的劈击出棍的要领进行练习，在出棍的同时向下劈击木棍涂黑的部分。这是劈击出棍的练习。横扫出棍的练习与之类似，即让你的同伴站在你的正前方，双臂伸直，将木棍竖执于面前，让涂黑的部分处于头部的高度，然后按照前面所讲的要领练习，在出棍的同时横扫木棍涂黑的部分。

(二) 训练的目的

居合出棍开棍的练习有三个目的：

（1）培养距离感。由于在居合出棍开棍的过程中甩棍要经历一个从收缩状态到伸展状态的转换过程，所以距离的掌握是具有一定难度的，通过练习可以培养正确的距离感，让你掌握在什么样的距离下能够击中对方。

（2）提高准确性。由于居合出棍开棍中甩棍的运行距离较长，所以要想准确击中目标并不是很容易，通过练习可以提高攻击的准确性。

（3）调整打击力。为了获得理想的打击力，应该尽可能让甩棍的速度在击中目标的瞬间达到最大值，通过不断地练习、体会和调整，你可以掌握正确的技巧，让居合出棍的打击力发挥到最大限度。

第六节 基本步形步法

步形是针对静态而言的，即腿脚支撑人体的实际状态。常见的步形大体有三类，即前后的纵步、左右的横步及介于纵步横步之间的斜步（图3-6-1~图3-6-5）。相对于步形而言，步法则是动态概念，指的是改变步形的运动方式。步法是格斗对抗的灵魂，成功的防守和攻击都有赖于正确步法的配合。中国武术拳谚有"教拳不教步，教步打师父"的说法，可见步法的重要性。

图3-6-1　　　　　　　　图3-6-2　　　　　　　　图3-6-3

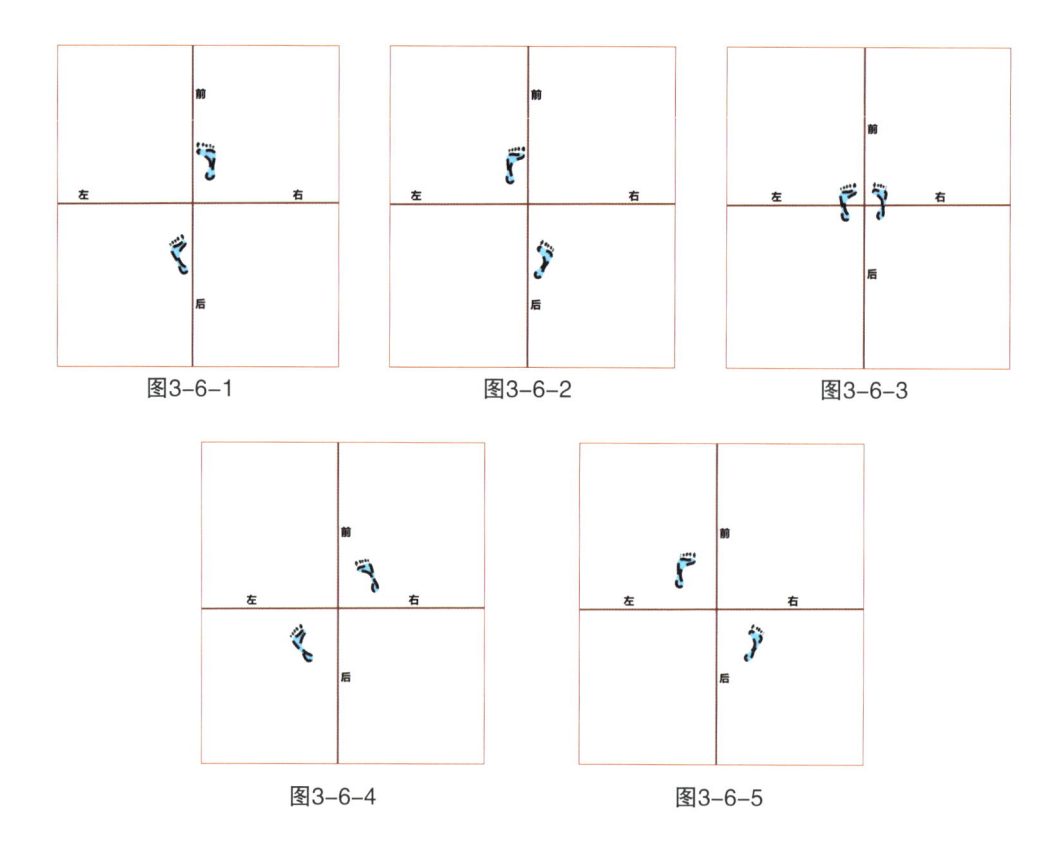

图3-6-4　　　　　　　　图3-6-5

在防身自卫对抗过程中，实践者需要用步法调节敌我之间的位势，以期占据有利的攻防位置与角度，闪避对手的攻击，或发动对对手的攻击。区别于徒手作战，由于冷兵能够弥补实践者的体力或功力的不足，持械作战的步法移动目的重在得手，而非过于专注发力。不过，如果把徒手格斗中的完整"后驱逆行"式的推步运用到持械格斗中，得手与发力并重，那绝对是再好不过的事情了。

一般来说，实践者有三类基础步法模式需要掌握：一是四方基本位移（直线）；二是三角形位移（折线）；三是旋转类步法（曲线）。其他的复杂多变的步法则可以通过对这三类步法复合衍化来生成。

一、四方基本位移

四方基本位移类似于拳击中的前、后、左、右滑步。这类步法模式的运动规则是，实践者想朝哪个方向移动，就首先移动在那个方向的脚，然后另一只脚随即做相同方向的移动。此过程中，两脚移动的距离相等。脚步移动的方式多以脚离地滑动而行常见，但也可以做脚离地式迈进，没有硬性要求。

1. 前移步

由对敌姿势开始，前脚（右脚）向前移动约一脚长的距离，后脚随即向前跟进一脚长距离，动作到位时保持原来对敌姿势不变（图3-6-6~图3-6-8）。

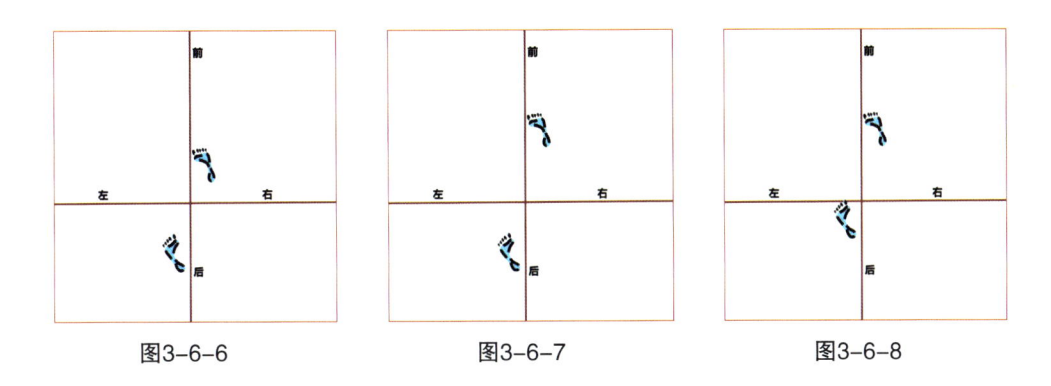

图3-6-6

图3-6-7

图3-6-8

2. 后移步

由对敌姿势开始，后脚（左脚）向后移动约一脚长的距离，前脚随即向前跟进一脚长距离，动作到位时保持原来对敌姿势不变（图3-6-9~图3-6-11）。

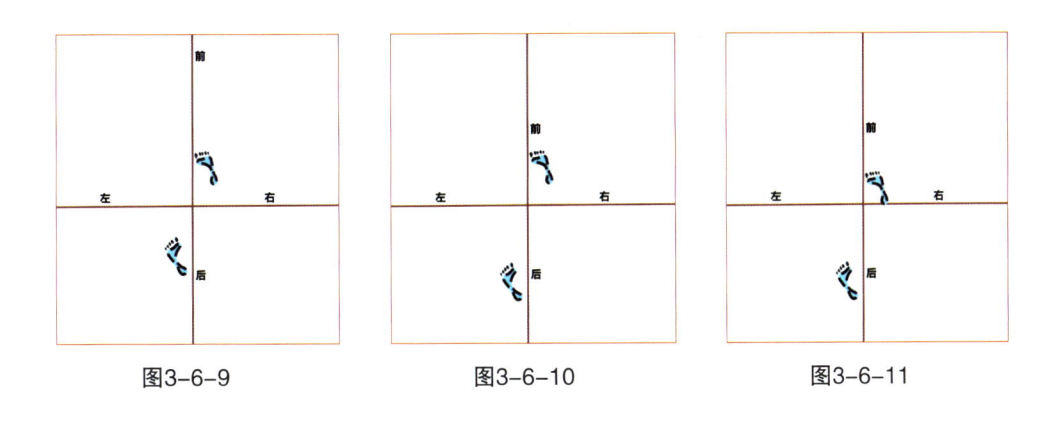

图3-6-9

图3-6-10

图3-6-11

3. 右移步

由对敌姿势开始，右脚向右移动约一脚长的距离，左脚随即向右跟进一脚长距离，动作到位时保持原来对敌姿势不变（图3-6-12~图3-6-14）。

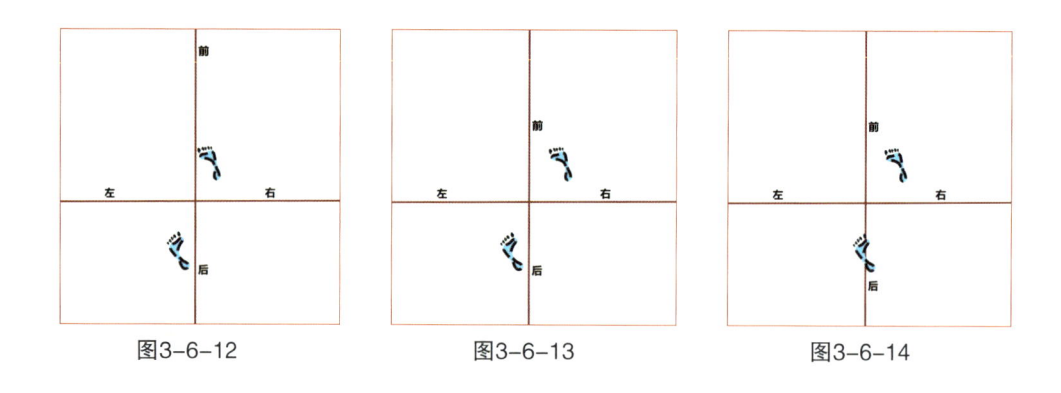

图3-6-12　　　　　　　图3-6-13　　　　　　　图3-6-14

4. 左移步

由对敌姿势开始，左脚向左移动约一脚长的距离，右脚随即向左跟进一脚长距离，动作到位时保持原来对敌姿势不变（图3-6-15~图3-6-17）。

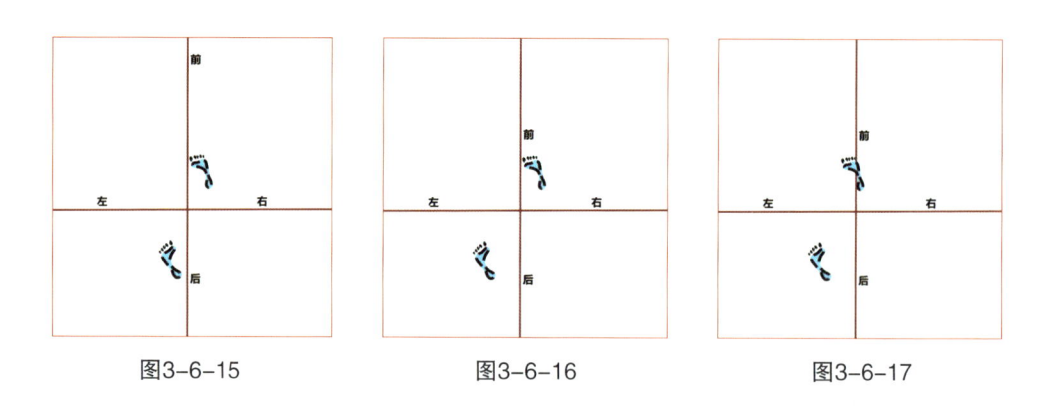

图3-6-15　　　　　　　图3-6-16　　　　　　　图3-6-17

做四方基本位移的时候，尽量以小步幅来完成移动以维持身体运动时的平衡，力求动作快速灵活，不能拖泥带水。还需要强调一下，双脚直线移动的方向应一致，移动的距离也相等，以保证动作到位时对敌姿势的基本不变。

二、三角形位移

三角形位移也称三角步，属于折线步法。在移动过程中实践者以双脚所在位置点（坐标）构建三角形为模式，以变换两脚前后左右位置为特征。

1. 前三角步

也叫阳三角步。从右脚在前的对敌姿势开始；后脚（左脚）首先移动到前脚左侧位置并步，然后前脚（右脚）向右后移动一步，动作到位时变换成左脚在前的对敌姿势；接下来右脚向前收到左脚左侧并步，左脚向左后移动一步，动作到位时恢复成右脚在前的对敌姿势（图3-6-18~图3-6-22）。

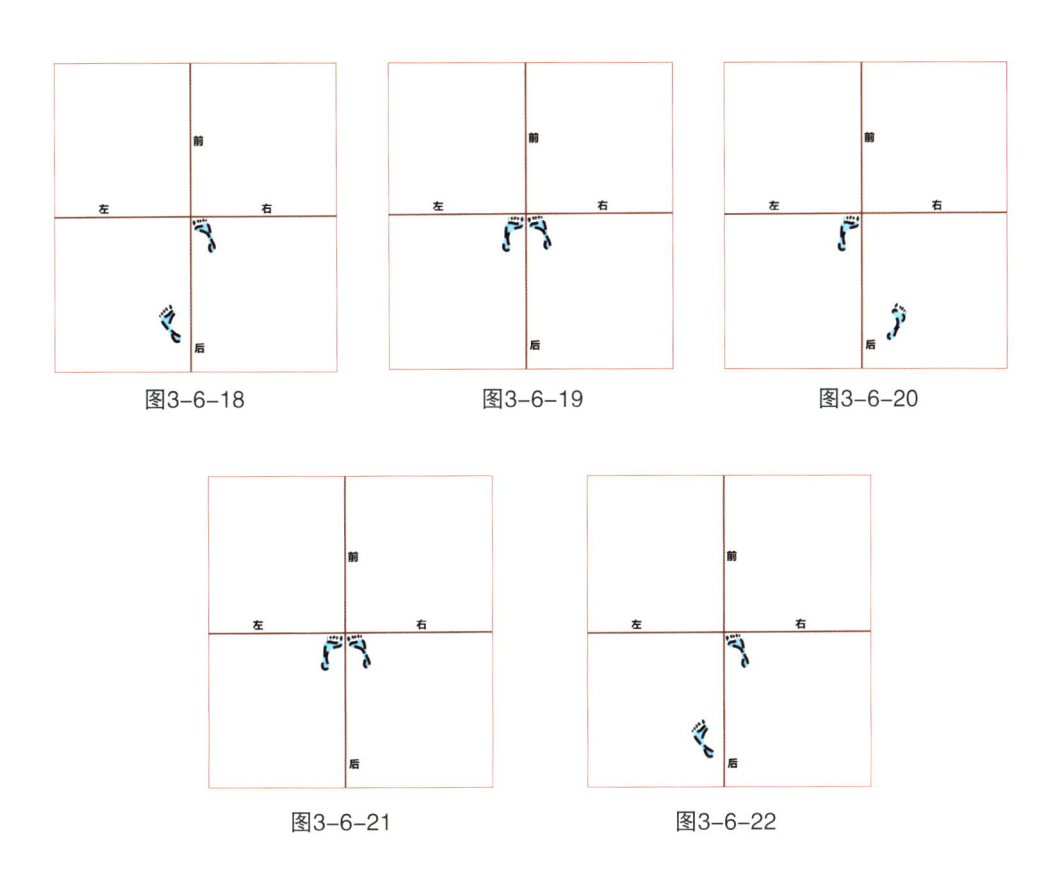

图3-6-18　　　　　　图3-6-19　　　　　　图3-6-20

图3-6-21　　　　　　图3-6-22

2. 后三角步

也叫阴三角步。从右脚在前的对敌姿势开始；前脚（右脚）首先移动到后脚右侧位置并步，然后后脚（左脚）向左前移动一步，动作到位时变换成左脚在前的对敌姿势；接下来左脚向后收到右脚左侧并步，右脚向右前移动一步，动作到位时恢复成右脚在前的对敌姿势（图3-6-23~图3-6-27）。

从总体上讲，前后三角步法模式是非常明显的折线移动步法。

图3-6-23　　　　　　　　图3-6-24　　　　　　　　图3-6-25

图3-6-26　　　　　　　　图3-6-27

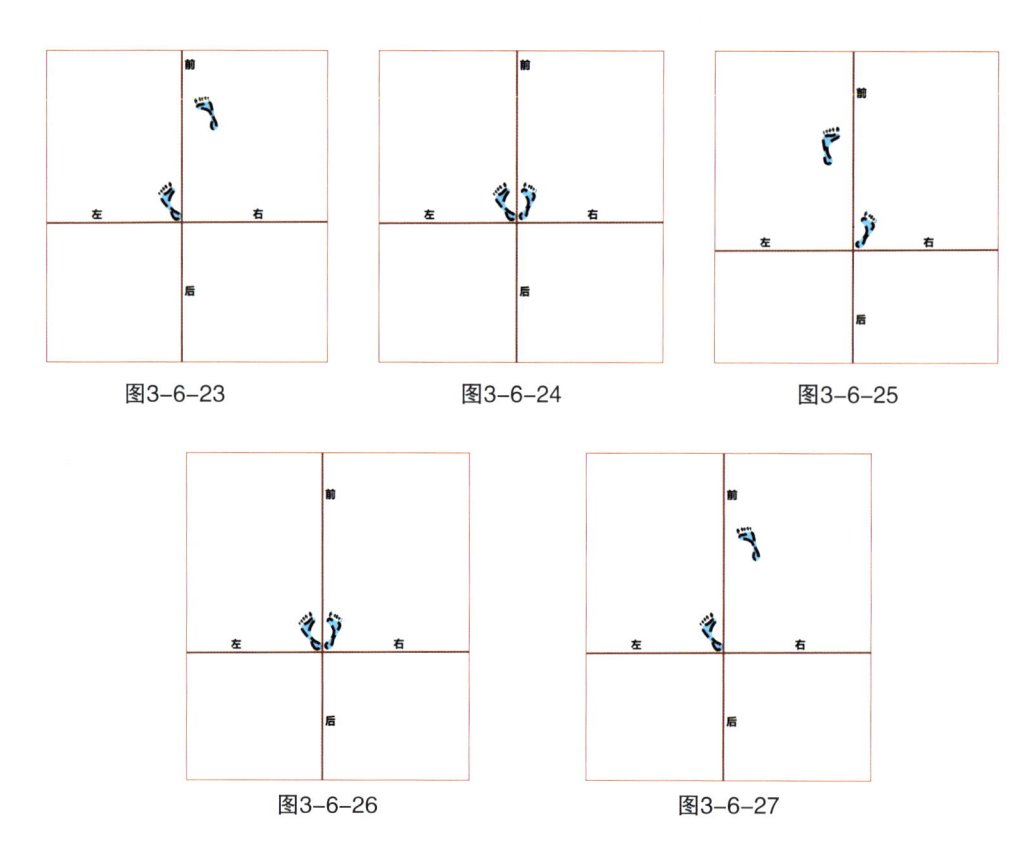

3. 侧向三角步

通过前脚直接后移或后脚直接前移来变换两脚前后位置。从右脚在前的对敌姿势开始；右脚直接向后移动一大步，同时左脚微微内扣，动作到位时变换成左脚在前的对敌姿势；然后右脚直接向前移动一大步，动作到位时右脚微微内扣，恢复成右脚在前的对敌姿势（图3-6-28～图3-6-30）。

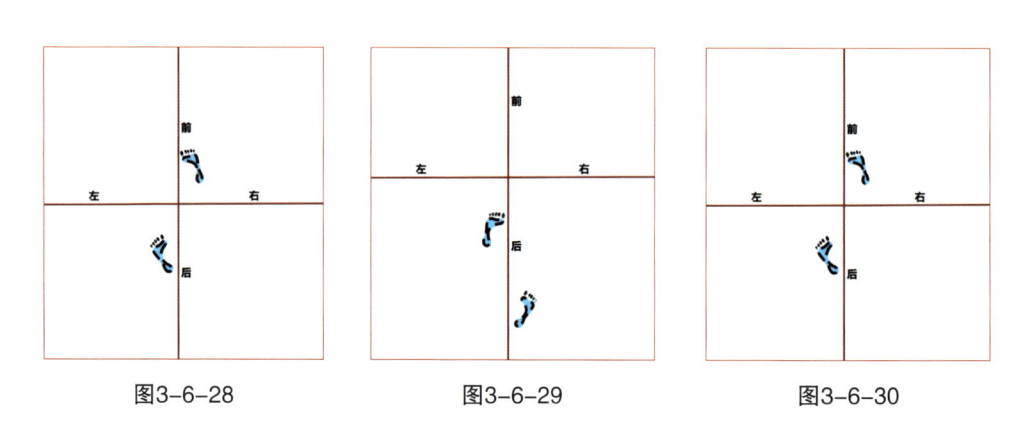

图3-6-28　　　　　　　　图3-6-29　　　　　　　　图3-6-30

当然，实践者也可用左脚为主体运作侧向三角步。从右脚在前的对敌姿势开始；左脚直接向前移动一大步，同时左脚微微内扣，动作到位时变换成左脚在前的对敌姿势；然后左脚直接向后移动一大步，动作到位时右脚微微内扣，恢复成右脚在前的对敌姿势（图3-6-31~图3-6-33）。

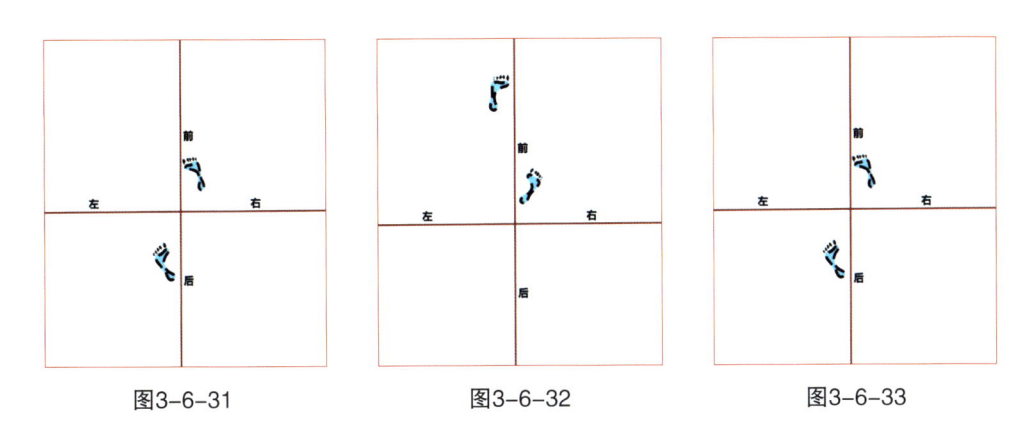

图3-6-31　　　　　图3-6-32　　　　　图3-6-33

习惯上，我们把向前移动的侧向三角步称之为进步，也叫向前过步；把向后移动的侧向三角步称之为退步，也叫向后过步；把向后再向前的三角步连续动作被称之为"单项钟摆步"。

三、旋转类步法

通常来说，旋转类步法以前脚或后脚为支撑，另外那只脚做左右弧线移动来变换自己所在的位势。

从右脚在前的对敌姿势开始，实践者以右脚即前脚做支撑，左脚即后脚沿顺时针向左做弧线移动（图3-6-34、图3-6-35）；或者左脚沿逆时针向右做弧线移动（图3-6-36、图3-6-37）。

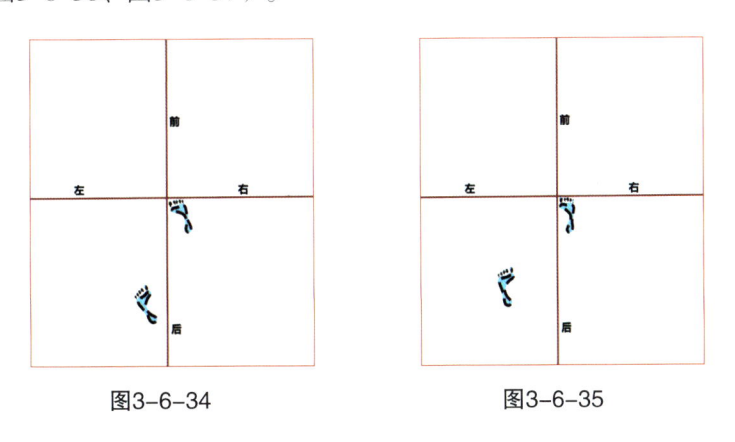

图3-6-34　　　　　图3-6-35

65

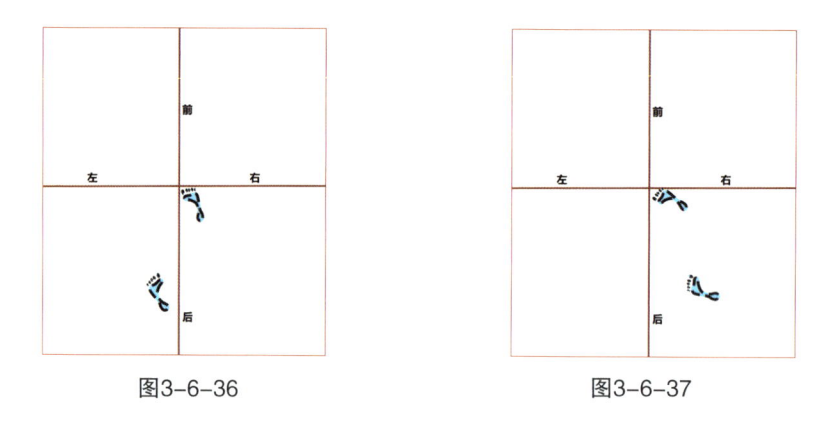

图3-6-36　　　　　　　　　　　　图3-6-37

从右脚在前的对敌姿势开始，实践者以左脚即后脚做支撑，右脚即前脚沿顺时针向右做弧线移动（图3-6-38、图3-6-39）；或者右脚沿逆时针向左做弧线移动（图3-6-40、图3-6-41）。

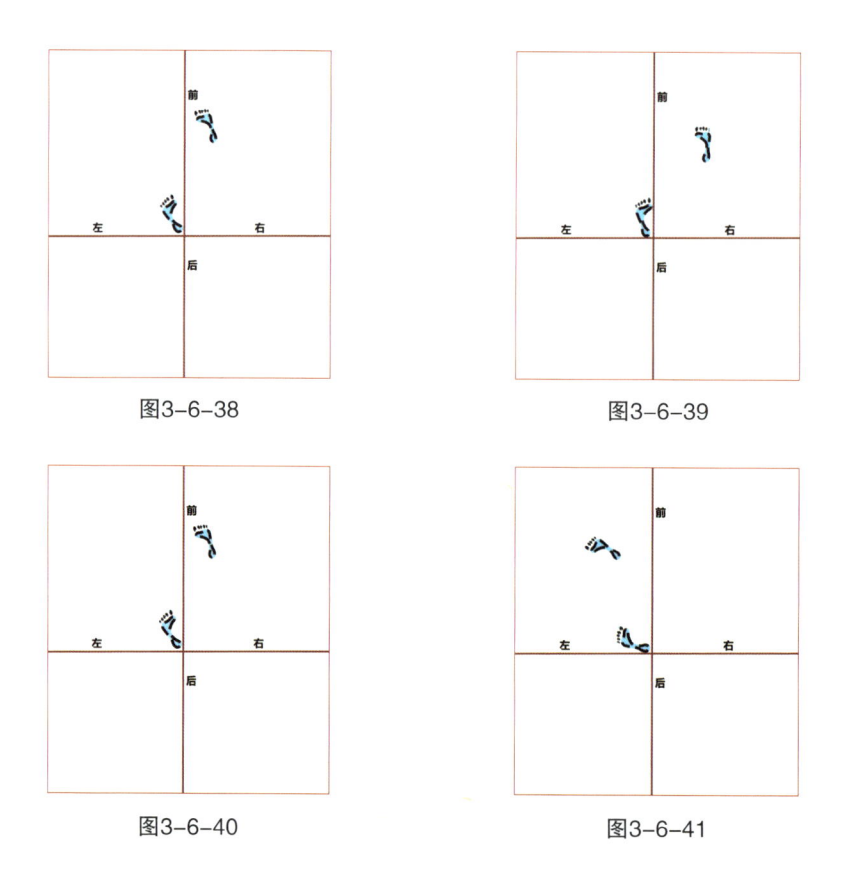

图3-6-38　　　　　　　　　　　　图3-6-39

图3-6-40　　　　　　　　　　　　图3-6-41

四、其他步法

最后，我们简单介绍或者说是补充一下"前推步"与"后推步"及"猫步"。

对于初学者来说，前推步与后推步属于难度系数较大的步法，但由于其是徒手对抗中最常见也是最常用到的步法，所以有必要对这类步法进行补充讲解。前、后推步的动作特点在于直线进退，速度疾、行程长。

1. 前推步

实践者从右脚在前的持棍格斗姿势开始；后脚（左脚）用力蹬地，以产生地面反作用力，推动整个身体向前方冲击移动，在前脚与身体向前运动的瞬间，后脚借此惯性跟进，动作到位时所持对敌姿势不变。这个动作与前移步可能在视觉上给人以类似的感觉，但二者有本质不同，后驱即后脚推前脚是前推步关键细节所在，而前移步是前脚拉后脚。

2. 后推步

这是前推步的逆向运动。从右脚在前的持棍格斗姿势开始；前脚（右脚）用力蹬地，以产生地面反作用力推动整个身体向后方冲击移动，在后脚与身体向后运动的瞬间，前脚借此惯性跟进，动作到位时所持对敌姿势不变。

3. 猫步

始于两腿自然站立，然后实践者向左或向右转体90°。向右转体时，右脚尖向右，左脚尖在右前45°角上，重心在左腿（图3-6-42、图3-6-43）。向左转体时，左脚尖向左，右脚尖在左前45°角上，重心在右腿（图3-6-44、图3-6-45）。猫步的基本功用，在于能够使得实践者在近距离闪避开朝自身中线要害的直刺。

猫步技术当属于防御范畴之内，但是由于基本步法移动的普遍适应性，即攻击步法同样适用防御的原因，我们在防御部分将不再对步法做重复讲解，因此将相对于防御目的更加突出的猫步拿到本章节与其他步法一并讲解。

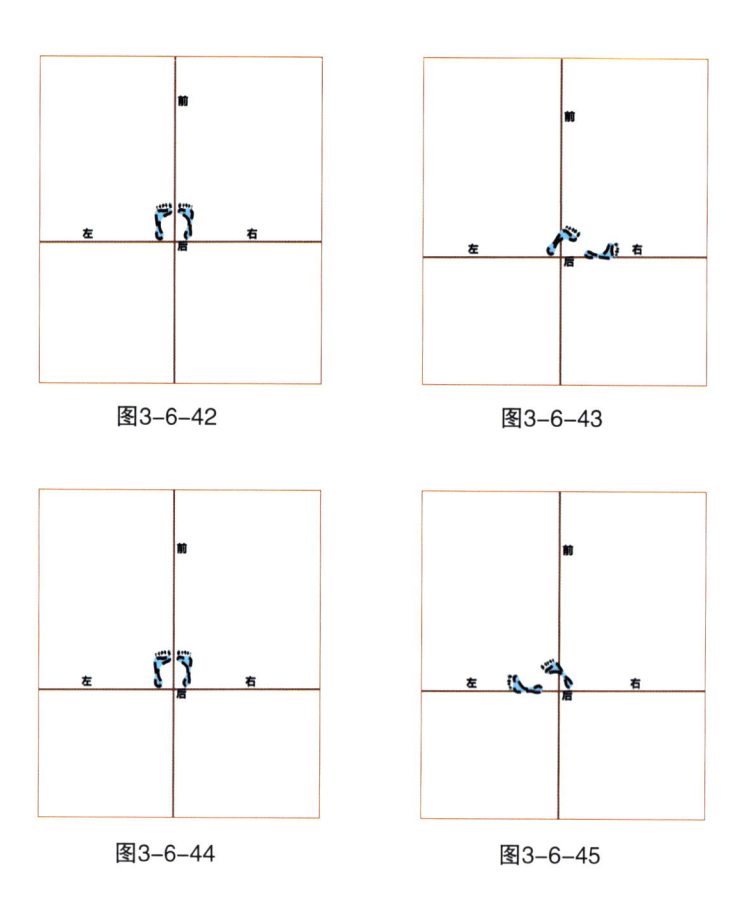

图3-6-42   图3-6-43

图3-6-44   图3-6-45

第四章　甩棍攻击技术

攻击是战斗的主旋律，没有攻击就没有对敌人的确实打击，也就没有真正的胜利可言。攻击是格斗技法最基础也最重要的组成部分。与竞技对抗武术项目不同，防身自卫的攻击技术初衷在于重创对手，甚至是消灭对手，而非打点得分，即便退一步来说也是以伤害对手为目的的。

甩棍的攻击技术是甩棍技战术武库中不可或缺的重要组成部分。实践者熟练掌握甩棍攻击技术，不但能够强化自己对敌人的攻击能力，而且可以对敌人的攻击做到心中有数，利于自身防御对手的类似攻击。本章节我们对此内容做重点讲解讨论。

第一节　攻击技术概论

在不同的武术流派（包括自卫体系）甚至在同一武术流派的不同支系中，同一个动作的技术，其术语也就是称呼似乎并非完全相同，而且也大量存在着相同的技术称呼不一定对应同一个技术动作的情形。如果你是一个多流派武术或自卫术的习练者的话，那么单纯对应技术与其称呼的识别与记忆就够麻烦的了。基于这个原因，我们有必要遵循化繁就简原则，重新定义一个能够被大多数人所接受的动作与术语相对应的框架结构。

一、时钟（表盘）定位

时钟（表盘）定位这个概念引自军队作战术语，其含义指的是以自身为中心点，参照时钟盘面的12个点，进行角度定义——你的正前方为12点方向，正右方为3点钟方位，正后方为6点钟方位，正左方为9点钟方位（图4-1-1）。如此类推详细划分按照顺时针方式进行，比如11点钟方

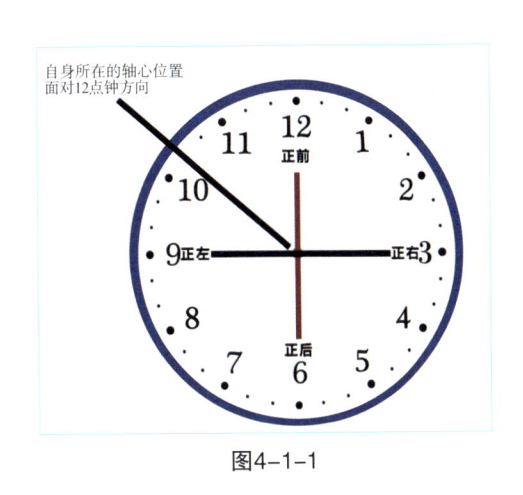

图4-1-1

向就是面对自己向左平移30°方向。该定位只能确定目标与你的"相对位置"，或者为队友提供目标与他的相对位置。

军队所用的时钟定位往往指的是"时钟表盘"处于水平位置的情形，这里我们把其扩展一下，再建一个与实践者身体冠状面相重合的时钟（表盘），不过与水平时钟定位有所不同的是，12点钟方向为正上方，6点钟方向为正下方（图4-1-2）。

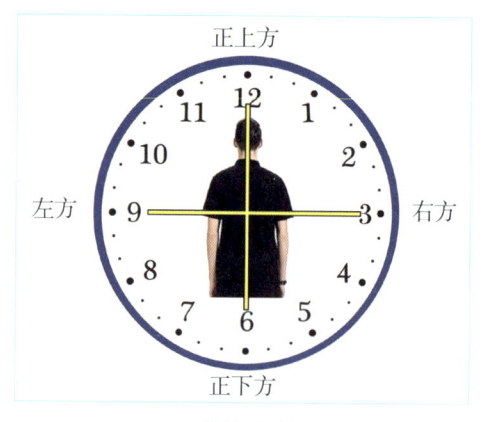

图4-1-2

我们把水平的时钟定位与横向竖直的时钟定位合二为一就得到了一个简单完整的格斗时钟定位（图4-1-3）。把军队的时钟定位理念引入格斗体系并非我们独家所有，其实国外一些相关安防体系早已经借鉴或引入了这个理念。之所以把军队时钟定位引入格斗最主要的原因就是这个概念能够普遍被接受，同时也容易理解记忆。

前面我们讲过的步法移动，完全可以套用时钟定位。比如四方位移中的前移步，用时钟定位的概念可以理解为，由对敌姿势开始，前脚（右脚）向12点钟方向移动约一脚长的距离，后脚随即向12点钟方向跟进一脚长距离，动作到位时保持原来对敌姿势不变。

图4-1-3

时钟定位除了用于身体移动的确定，也能用格斗中的其他项目的位置界定，即便是静态的动作定格也概莫能外。比如前面讲过的对敌姿势中，我们可把持棍手的位置定在5点钟位置，而把短棍的自由端即首节定在11点与10点之间的区域位置（图4-1-4）。时钟定位理念将全面覆盖本节的甩棍攻击技术及下一节的甩棍防御技术。

二、攻击技法分类

图4-1-4

在正式讲解甩棍技术分类前，我们首先明确下面两个训练中经常提到的专门的名词术语。

正手攻击，泛指实践者从持棍手侧发起的攻击。对于常人而言，正手攻击就是实践者右手持棍，从其身体右侧启动的攻击。当然，对于"左撇子"的实践者来说，正手攻击就是从其身体左侧启动的攻击。

反手攻击，泛指实践者从持棍手异（对）侧发起的攻击。对常人来说，反手攻击是实践者右手持棍，首先把短棍置于其身体左侧，然后由此位启动攻击。对于"左撇子"的实践者来说，反手攻击就是左手持棍，首先把短棍置于其身体右侧，然后由此位启动攻击。反手攻击时，持棍手指节隆突向上或对准攻击目标。

一般来说，可以根据甩棍攻击时所用到的部位即攻击触点的不同，把短棍的攻击形式大体分成三类。即短棍的末（后）端攻击、棍身攻击与前端攻击。

（一）甩棍开棍后的常规攻击形式

1. 以棍身做攻击

用甩棍棍身做攻击的情况最为常见，其形式可分为劈、撩、扫、撞。劈、撩、扫的攻击路径是弧线轨迹，撞既可是棍身的直线推进，也可以弧线推进。

（1）劈：泛指由上向下的棍身攻击，纵向正直正下的劈叫正劈，正劈有正反手之分。纵向非正直正下的劈叫斜劈，斜劈可以再细划分类，以攻击去向定名。由右上向左下的斜劈叫左劈；由左上向右下的斜劈叫右劈。对一般右手持棍的实践者来说，左劈也称为正手劈，右劈也称为反手劈。

（2）撩：泛指由下向上的棍身攻击，纵向正直正上的撩叫正撩，正撩也有正反手之分。纵向非正直正下的撩叫斜撩，斜下可以再细划分类，其以攻击去向定名。由右上向左上的斜撩叫左撩；由左下向右上的斜撩叫右撩。对一般右手持棍的实践者来说，左撩也称为正手撩，右撩也称为反手撩。

（3）扫：泛指甩棍水平横向攻击，以攻击去向定名。由右向左的扫称为左扫；由左向右的扫称这右扫。对一般右手持棍的实践者来说，左扫也称正手扫，右扫也称反手扫。

（4）撞：最常见的是直线向前推进的棍身攻击。通常而言，撞时多需要实践者双手把持甩棍两端，攻击到位时，用甩棍中段做触点来攻击对手。

2. 以棍前尖做攻击

用甩棍前尖端做直线攻击称之为刺，刺除了常规正、反手直线刺，即甩棍的整体攻击动作是沿着直线轨迹以冲击形式完成的外，还存在弧线刺。甩棍弧线刺动作可以比照徒手的弧线拳法，其整体动作是甩棍沿着弧线路径切入的，在接触目标表面的瞬间冲击而入形成攻击。需要注意的是，实践者甩棍刺技的具体应用需依自己用的甩棍的种类而定，这种技法更适用于机械闭锁式甩棍。

3. 以棍末端做攻击

用甩棍末端攻击称之为杵，杵通常情况下用在近距离格斗范畴中。

我们也可以根据甩棍攻击时的整体运行轨迹再做归类。凡是沿直线路径推进的攻击统称冲击式攻击，凡是沿弧线路径推进的攻击统称挥击式攻击。其中劈、撩、扫、弧线刺属挥击式攻击，直线刺与撞则归属于冲击式攻击。

（二）甩棍闭合状态下的攻击

在封闭状态下，甩棍的器械长度优势远不如其完全伸展状态下的优势。但是，这不等于说甩棍在闭合状态下就没有优势可言了。相对于对阵徒手的对手及用在隐蔽状态突然发难都有着让人意想不到的攻防效果。中国武术就有"一寸短，一寸险"的说法，如果实践者用心训练专于此道，也能够化腐朽为神奇——以短制长不是梦。

闭合状态的甩棍，形质与现在流行的掌棍无二，其技法完全可以参照掌棍。闭合状态的甩棍攻击技法可用攻击触点来区分——前端为刺技，尾端为杵技；也可以拳法来命名，比如实践者握棍做刺拳、直拳、劈拳、背拳、勾拳与上击拳等。

无论什么样的甩棍的攻击技术，实践者在实施过程中都应该尽可能做到全身整体参与，而非单纯只是手臂用力实施。所以实践者进行不存在佯攻虚击战术的攻击术训练时，力求做到三盘同向而动，以期加强攻击效果。

第二节　细解开棍劈技

对于普通人来说，劈是一种本能的动作。把一根棍子交到一个人的手里，他的第一反应就是抡起来劈击，可以说这是一种不需练习也能应用的动作，而且这种棍法威力相对较大，同时也有利于实施连续攻击。相比之下，其他技法尤其是撩棍则相对较难掌握，除非平时每日练习，否则在实战的混乱状态下很难做到真正的应用。其实正所谓"千招会不如一招精"，对于常人来说，防身自卫最重要的并不是需要掌握多么复杂多变的技法，而是应该有自己的拿手技法。就像一些拳击高手，在街头格斗中只需要一两记直拳就可以搞定对手，根本不需用到其他的技法。同样地，如果能够精通劈棍技法，再适当配合步法的变化，就能够做到从任何位置、任何角度发出精准而有力的劈击，也能在一两下内搞定绝大多数对手。无疑，这样就能够解决普通人学练防身术时间不充裕的窘境。

甩棍劈技前面我们已经做了概括讲解，本节细解甩棍劈击技法。

一、概念

基础的劈棍有三种攻击角度：一种是从右上方向左下方即从12点钟方向至3点钟方向区域向6点钟方向到9点钟方向区域的斜向劈击，此为左劈（图4-2-1~图4-2-3）；另一种是从左上方向右下方即从9点钟方向至12点钟方向区域向3点钟方向到6点钟方向区域的斜向劈击，此为右劈（图4-2-4~图4-2-6）；最后一种是从正上方向正下方即从12点钟方向向6点钟方向的劈击，此为正劈（图4-2-7~图4-2-9）。

图4-2-1　　图4-2-2　　图4-2-3　　图4-2-4　　图4-2-5

图4-2-6　　　图4-2-7　　　图4-2-8　　　图4-2-9

基本的劈棍常以组合的形式用于攻击，组合劈技以五花劈棍为代表。所谓五花劈棍，即将两种劈击连接起来的一种连续攻击方式，比如先左劈，将棍子劈至左下方，再从左下方沿弧线上提至左上方；然后右劈，将棍子劈至右下方，再从右下方沿弧线提至右上方,然后再左劈,如此循环往复,让棍子在身体前方不断地沿近似"∞"字形的路线运动(图4-2-10~图4-2-16)。

图4-2-10　　　　　图4-2-11　　　　　图4-2-12　　　　　图4-2-13

图4-2-14　　　　　　　图4-2-15　　　　　　　图4-2-16

　　劈棍分为高位劈棍和低位劈棍。前面图中所示为高位劈棍,以对方的头颈、上身部或上肢为攻击目标,低位劈棍则是以对方的下身为攻击目标(图4-2-17、图4-2-18)。练习和使用五花劈棍时可以把高位劈棍和低位劈棍结合起来,比如高位左劈加低位右劈(图4-2-19、图4-2-20),或者高位右劈加低位左劈(图4-2-21、图4-2-22),还可以先高位五花劈棍,然后低位五花劈棍等。

图4-2-17　　　　　图4-2-18　　　　　图4-2-19　　　　　图4-2-20

图4-2-21　　　　　　　图4-2-22

使用五花劈棍时需要注意的问题主要有两个。首先五花劈棍的发力阶段为"∞"字形中间的"×"形部分，也就是说两种劈击之间的衔接部分是不发力的，必须轻快顺畅，务求将衔接时间降低到最短。其次，劈击动作的幅度不宜过大，因为动作幅度越大，暴露的空当也就越大。如果你的劈击幅度过大，那么当对方避开你的攻击并实施反击时，你就无法迅速地回棍防守。而在劈击幅度较小的情况下，你就可以迅速地反手回劈，将对方的反击消解于无形。

二、发力

前面已经讲过，与普通短棍相比，甩棍本身的杀伤力是很大的。即使不学习发力技术，普通人挥舞起来也能产生不小的威力。如果你相信自己的发力没有问题，那么可以跳过本节，直接进入五花劈棍实战应用的学习。如果挥动棍子时感觉发力不畅，劈击过程中有所阻滞，那么最好按照下面的讲解进行练习，以便在实战中能够发挥出甩棍应有的威力。

在练习发力时，为了便于迅速掌握正确的技巧，可以先把动作幅度放大，并采用双脚左右平行开立的站姿。等到熟悉了发力动作之后，再恢复用对敌姿势进行训练，并把动作幅度缩小。下面细解左劈的发力。

实践者右手持棍提至右肩上方；右脚以前脚掌为轴转动，推动身体向左扭转，同时重心下沉，这样一来，你的右肩就会随之向左下方运动；通过右肩向左下方的运动，带动右臂向下挥甩，将甩棍劈至左腿外侧。需要注意的是，劈击过程中右臂必须保持放松，就像鞭子一样甩起来，其要领就类似投棒球的动作，从肩到肘再到腕，节节传递，逐级加速，这样才能产生最大的爆发力。为了便于掌握这一要领，你可以使用毛巾来练习，如果能让毛巾挥舞时发出强烈的呼啸之声，那么就说明你已经掌握基本的发力技巧了。另外如前面所述，我们只是为了掌握发力技巧才将动作幅度加大，等到练习一段时间之后，你应该逐渐缩小动作的幅度。

右劈的发力与左劈类似，只是方向相反。首先，左脚以前脚掌为轴转动，推动身体向右扭转，同时重心下沉，让右肩向右下方运动；然后通过右肩的运动带动右臂向下挥甩，将甩棍劈至右腿外侧。同样地，右劈的发力要领也可以通过甩毛巾来体会。在掌握了要领之后，应该逐渐缩小动作的幅度。

三、变化

在前面学习了基本的五花劈棍之后，下面我们再看一下它的一个变式——五花劈杵或者说是五花劈砸。这里所谓的杵，是用棍尾由上向下砸击。与劈棍相同，杵棍也有两个角度。因而五花劈砸也就分为两种。

第一种是左劈右砸，右手持棍先从右上方向左下方劈击，然后反转手腕，将棍上提至左上方，再以棍尾向右下方砸击，止于肩部的高度（图4-2-23~图4-2-25）。第二种是右劈左砸，动作与左劈右砸相同，唯方向相反，先持棍从左上方向右下方劈击，然后反转手腕将棍上提至右上方，再以棍尾向左下方砸击（图4-2-26~图4-2-28）。

图4-2-23　　图4-2-24　　图4-2-25　　图4-2-26　　图4-2-27　　图4-2-28

五花劈砸适用于对方快速欺近的情况，当你第一棍劈出之后，对方已经逼近，距离不足以发挥劈击的威力，此时即可反转手腕，以棍尾砸击对方。

四、配步劈棍

不管你的攻击技术多么纯熟，也不管你的步法有多灵活，如果无法将棍法和步法协调配合起来，那么也就无法发挥出两者应有的作用。为了能够在移动中发起有效的攻击，以应对瞬息万变的实战环境，下面我们就来练习一下配步五花劈棍。

1. 移步五花劈棍

练习一：前移步五花劈棍。向前移步的同时进行五花劈棍练习，每向前滑出一步，完成一次五花劈棍，连续练习。

练习二：后移步五花劈棍。向后移步的同时进行五花劈棍练习，每向后滑出一步，完成一次五花劈棍，连续练习。

练习三：前后移步五花劈棍。向前移出一步，同时完成一次五花劈棍，然后向后移出一步，同时完成一次五花劈棍，反复练习。

练习四：前分腿五花劈棍。向前移出一步，同时完成一次五花劈棍；然后右脚提起至腹部的高度，向前蹬出。右脚落地，继续前滑步五花劈棍，然后接正蹬腿，如此反复练习。上述为前分腿与前移步的配合练习。同理，也可以将其与后移步结合起来练习，即先向后滑步，同时完成五花劈棍，然后右脚发起正蹬腿。

2. 旋转步五花劈棍

练习一：左旋转步五花劈棍。完成左环绕步的同时进行五花劈棍练习，连续练习。

练习二：右旋转步五花劈棍。完成右环绕步的同时进行五花劈棍练习，连续练习。

3. 前后三角步五花劈棍

练习一：前三角步五花劈棍。向左换步的同时，完成一次五花劈棍；向右换步的同时，完成一次五花劈棍。

练习二：后三角步五花劈棍。向左换步的同时，完成一次五花劈棍；向右换步的同时，完成一次五花劈棍。

五、应用

五花劈棍的应用范围很广，既可以用于防守反击，也可以用于主动攻击。关于防守反击，我们在后面的章节中会讲到。下面举例说明一下五花劈棍在主动攻击中的一些简单应用。

战例1：假设我方与一名持刀攻击者对峙。我方抢先攻击第一棍先右劈对方手腕，令其刀具脱手，解除对方的武装；然后第二棍左劈对方面部；最后重心下沉，同时右劈对方的小腿（图4-2-29~图4-2-31）。当然，你也可以先左劈对方手臂，再右劈对方面部或颈部右侧（图4-2-32、图4-2-33），相比之下，这种

神兵利器　截拳道概念甩棍权威教程

攻击模式是从对方内门切入进攻的，而前一种模式是从对方的外门切入进攻的。

图4-2-29　　　　　　　　图4-2-30　　　　　　　　图4-2-31

图4-2-32　　　　　　　　　　　　　图4-2-33

战例2：假设我方与一名持刀攻击者对峙。如果对方有一定实战经验，动作较为敏捷，善于控制距离，那么你很难直接一击命中对方手腕。在这种情况下，你可以第一棍先右劈对方的兵器，这一击往往会出乎对方的意料；在对方愣神的时候，第二棍左劈对方的手腕，解除其武装；然后第三棍右劈对方颈侧；最后第四棍左劈对方的小腿（图4-2-34~图4-2-39）。这一进攻的方式策略属于渐近攻击的范畴。

图4-2-34　　　　　　　　图4-2-35　　　　　　　　图4-2-36

图4-2-37　　　　　　　图4-2-38　　　　　　　图4-2-39

战例3：五花劈棍接正踹。如果对方防守严密，上述连续五花劈棍未能奏效，那么你可以趁对方忙于应付你的劈棍时飞起一脚，直踢对方小腹。此时对方注意力全部集中于上盘的防守，下盘防线空虚，这一脚往往可以一击命中。

上面仅举了几个简单的例子，五花劈棍的其他应用方式还有很多，实践者可以根据自身的经验和习惯选择适合你自己的用法。不过，在面对持械对手时，建议先攻击对方手臂，解除对方的武装，免除后顾之忧，然后再攻击对方的躯干或头部，令对方丧失战斗力。这个杀手原则我们在后面章节还要着重讲解，这里暂且打住。

六、训练

如前面所说，五花劈棍是一种非常自然，也是非常本能的动作，所以即使不经特别的训练，大多数人也可以下意识地将其应用于实战中。但是，为了能够在格斗中精准地击中移动目标，你可以进行一些简单的训练来提高劈击的准确性和速度。

1. 准确性训练

方法很简单，也不用什么特别设备，只需撕半张报纸，松松地团成一个纸球。练习时，把纸球抛到头部的高度，然后采用左劈或右劈的技法，以甩棍的首节劈击下落中的纸球。这种训练可以有效地提高劈击的准确性，如果想增加训练难度，可以找一个训练伙伴，让他将纸球投向你，你则抓住适当的时机，劈击空中飞行的纸球。

2. 速度训练

仍使用纸球，方法也类似，不同的是，进行速度训练时甩棍并不接触纸

79

球。练习时先将纸球抛到头部的高度，然后在它落地之前，以甩棍瞄准纸球发出尽可能多的劈击。注意甩棍的棍端要离开纸球少许，并不真的击中纸球。

菲律宾短棍的练习者经常使用网球做这种练习，优秀的棍手可以在网球落地之前发出10次以上的劈击。普通的实践者也可以用装有不同量水的矿泉水瓶子充当简易目标击打物。除了本节的训练方法外，更多训练方法及相关要求，我们留待本章末节进行补充说明以做最后的全面揭示。

第三节　开棍后的其他攻击技法

甩棍开棍后的攻击技法除了劈技之外，尚有扫、撩、撞、刺、杵等攻击技法。虽然看似扫、撩、撞、刺、杵技法不及劈技"简单、好练、好用"，但是这些技法绝对是每个真正甩棍的习练者必须全面掌握的技法。本节重点讲解劈之外的甩棍开棍后的攻击技法。

一、扫技

甩棍开棍后的扫技分左右上下三盘，用棍身为打击触点，以去向定其名称。所谓左扫，就是甩棍从右向左即从3点钟方向向9点钟方向做水平挥击（图4-3-1~图4-3-3）；所谓右扫棍，就是甩棍从左向右即从9点钟方向向3点钟方向做水平挥击（图4-3-4~图4-3-6）。对一般右手持棍的实践者来说，左扫也称正手扫，右扫也称反手扫。扫技在不同高度用于攻击不同目标——高位攻击头面脖颈（图4-3-7、图4-3-8），中位攻击上臂肋骨（图4-3-9、图4-3-10），低位攻击膝胫甚至是脚踝（图4-3-11、图4-3-12）。

| 图4-3-1 | 图4-3-2 | 图4-3-3 | 图4-3-4 | 图4-3-5 | 图4-3-6 |

图4-3-7　　　　图4-3-8　　　　图4-3-9　　　　图4-3-10　　　　图4-3-11　　　　图4-3-12

扫技的回收也是扫技最常见的组合有两种形式：一是左右扫在身前同一水平位置做往复运动，这是最常见的扫技回归到原位的方法；二是扫技到位后手肘上翻，甩棍沿体侧后行过头背回归至原位。另外，三盘扫上、中、下任意连用也是扫技常见的组合形式。

二、撩技

甩棍开棍后的撩技法是劈技法的逆运动，泛指从下向上的挥击。撩技的形式分正撩与斜撩。

正撩技法指的是甩棍自下而上即从6点钟方向向12点钟方向的挥击，仍有正反手撩棍之分：持棍手肘顺时针拧转的正撩技法即正手撩，持棍手肘逆时针拧转的正撩技法即反手撩（图4-3-13、图4-3-14）。正撩的攻击目标主要集中于对手的持械手、下颌与裆部。

图4-3-13　　　　图4-3-14

非正直正下的撩叫斜撩，斜撩分左右上、中、下三盘，用棍身为打击触点，以去向定其名称。由右下向左上即从3点钟方向至6点钟方向区域向9点钟方向至12点钟方向区域的斜撩叫左撩（图4-3-15~图4-3-17）；由左下向右上即从6点钟方向至9点钟方向区域向12点钟方向至3点钟方向区域的斜撩叫右撩（图4-3-18~图4-3-20），对一般右手持棍的实践者来说，左撩也称为正手撩，右撩也称为反手撩。

神兵利器 截拳道概念甩棍权威教程

正反手撩技联络到一起是撩技最常见的组合，整体动作是甩棍在身体前方不断的沿近似"∞"字形的路线运动，其轨迹与五花劈棍相反。这个正反手撩的组合也称反五花撩（图4-3-21~图4-3-26）。

图4-3-15　　　图4-3-16　　　图4-3-17　　　图4-3-18

图4-3-19　　　图4-3-20　　　图4-3-21　　　图4-3-22

图4-3-23　　　图4-3-24　　　图4-3-25　　　图4-3-26

三、撞技

一般来说甩棍撞技多用于近身缠斗，这里仅示常用的攻击技法，更多内容我们会在后边部分再详解。

甩棍攻击技法中的撞技内容相对于其他甩棍攻击技法要单调得多，撞常见的是直线向前即由6点钟方向向12点钟方向推进的棍身攻击。施撞之时多借助步法前冲的势头，实践者双手把持甩棍头尾两端做直线向前推进，以甩棍中段做攻击触点（图4-3-27、图4-3-28）。

图4-3-27　　　　图4-3-28

四、刺技

凡是以甩棍开棍后的尖端为主要攻击触点，瞬间直进的技法统称为刺。刺大体可分为以下两类。

1. 直线刺

甩棍从初始位置沿直线路径向目标进行攻击，称为直线刺，以直线上刺、直线下刺、直线左右刺及水平前刺是最为常见的直线刺。直线上刺，即朝向12点钟方向的高位刺（图4-3-29、图4-3-30）；直线右侧刺，即朝向3点钟方向的直线刺（图4-3-31、图4-3-32）；直线下刺，即朝向6点钟方向的低位刺（图4-3-33、图4-3-34）；直线左侧刺，即朝向9点钟方向的直线刺（图4-3-35、图4-3-36）。水平前刺，最具攻击效力实践者持棍直线向前即由6点钟方向向12点钟方向推进，用甩棍前端攻击对手要害（图4-3-37、图4-3-38）。

图4-3-29　　图4-3-30　　图4-3-31　　图4-3-32　　图4-3-33

神兵利器 截拳道概念甩棍权威教程

图4-3-34　　　图4-3-35　　　图4-3-36　　　图4-3-37　　　图4-3-38

2. 弧线刺

弧线刺也称角度刺，实践者持甩棍从初始位置沿曲线路径向目标进行冲击，接触点在甩棍的前端。弧线刺可以简单理解为从直线刺的运动路线致左右两侧或上下两面对目标做刺。弧线上刺，即朝向12点钟方向的弧线刺（图4-3-39、图4-3-40）；弧线下刺，即朝向6点钟方向的弧线刺（图4-3-41、图4-3-42）；弧线左刺，即从3点钟方向向9点钟方向的弧线刺（图4-3-43、图4-3-44）；弧线右刺，即从9点钟方向向3点钟的弧线刺（图4-3-45、图4-3-46）。

图4-3-39　　　图4-3-40　　　图4-3-41　　　图4-3-42

图4-3-43　　　图4-3-44　　　图4-3-45　　　图4-3-46

五、杵技

甩棍开棍后的杵技泛指棍尾攻击，持棍留余是杵技实施的前提。杵技以下砸杵、上撩杵，左右扫杵最为常见。

所谓上砸杵，即从上向下的12点钟方向的杵（图4-3-47、图4-3-48）；上撩杵，即从下向上的6点钟方向的杵（图4-3-49、图4-3-50）；左扫杵，即从右向左的3点钟方向的杵（图4-3-51、图4-3-52）；右扫杵，即从左向右的9点钟方向的杵（图4-3-53、图4-3-54）。

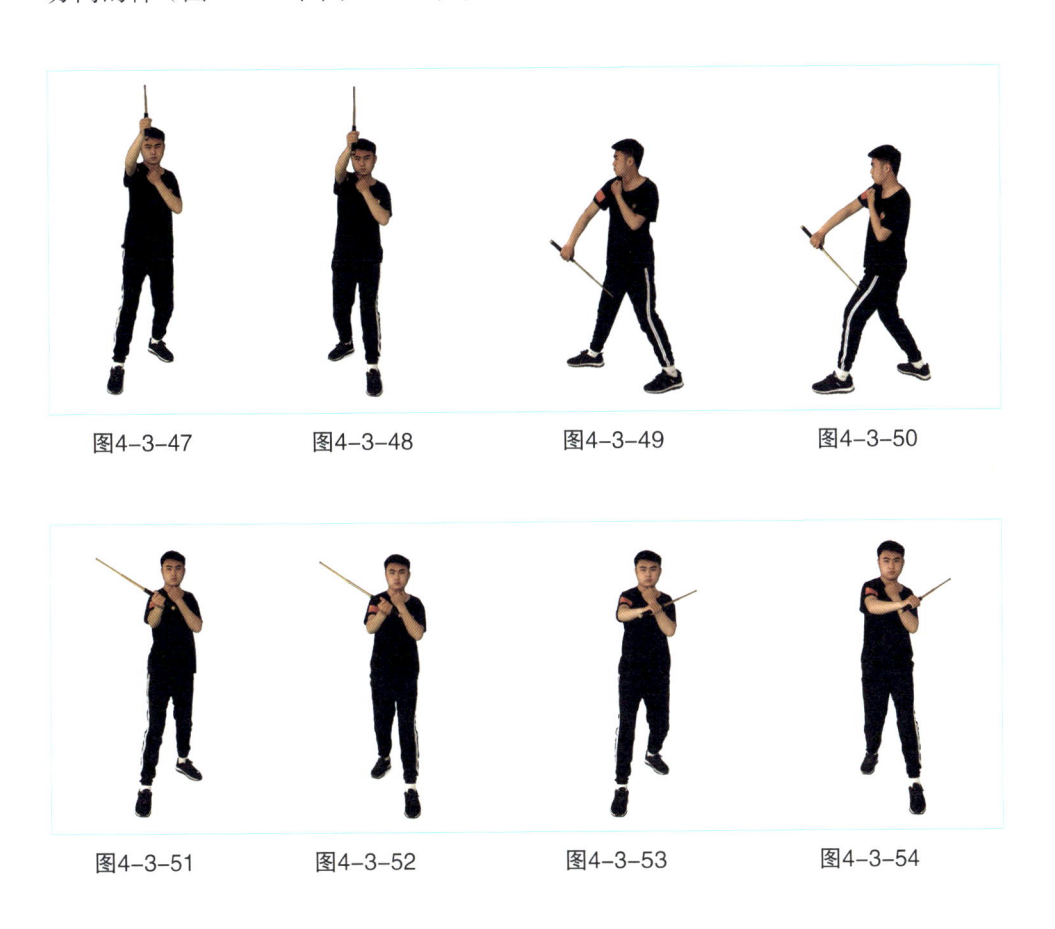

图4-3-47　　　　图4-3-48　　　　图4-3-49　　　　图4-3-50

图4-3-51　　　　图4-3-52　　　　图4-3-53　　　　图4-3-54

第四节　开棍后的非常规攻击法

前面我们讲解示范的攻击技法都是比较常见、相对好练的动作技术。除了常规的攻击技术，还存在一些非常规的技术，本节我们将做一完整全面的补充。

一、双手持棍攻击法

这里所说的双手持棍，并不是双手各持一棍的棍法，而是双手同持一棍的棍法。这种棍法适用于空间比较狭小的情况，比如楼道内或公交车上等。在这种情况下，前面所介绍的动作幅度较大的劈击棍法则难以有效地发挥其威力，相比之下，双手持棍法具有较高的灵活性，在这种环境下更能发挥作用。

甩棍的常规攻击技术以实践者单手（常用手）握甩棍末端也就是手柄来实施的。双手持棍往往指的是实践者左右手合力握住甩棍的手柄形式，但也存在两手的分握甩棍末端手柄与首端的情形，比如前边的撞技。不过无论是哪种双手握棍形式，其攻击技术与单手攻击技术的实质是相同的，即它们的攻击路线与角度一致。至于动作的完成，由于具体持握甩棍的形式不同，在身体的动作外在表现形式上则有所区别——单手持棍动作强调双手开合的对称性，双手持棍动作则强调双手合力的一致性。

通常来说，我们仍采用重武器前置的对敌姿势，常用的腿脚前置，常用的手主握甩棍置于手柄前端，另外的那只手作为辅助置于主手的后面，甩棍横于身前（图4-4-1）。

这里我们不再逐一展示所有双手持棍攻击法，仅以双手持棍劈、扫、撩、刺、杵代表技法加以展示。左右劈联络即五花劈（图4-4-2~图4-4-7）；左右扫（图4-4-8~图4-4-13）；反五花撩（图4-4-14~图4-4-19）；前刺（图4-4-20、图4-4-21）；下杵（图4-4-22、图4-4-23）。

图4-4-1

图4-4-2　图4-4-3　图4-4-4　图4-4-5　图4-4-6　图4-4-7

第四章 甩棍攻击技术

图4-4-8　　图4-4-9　　图4-4-10　　图4-4-11　　图4-4-12　　图4-4-13

图4-4-14　　图4-4-15　　图4-4-16　　图4-4-17　　图4-4-18

图4-4-19　　图4-4-20　　图4-4-21　　图4-4-22　　图4-4-23

二、圈形攻击法

圈形攻击法以甩棍攻击运动的整体轨迹为圆形或椭圆形为特征，分两种情形即大圈攻击法与小圈攻击法。圈形攻击法除了在甩棍动作路径上区别那些非封闭路径的常规攻击之外，一技两（次）攻（击）也是区别于常规攻击技法一技一击最为明显之处。

87

在实施圈形攻击技法的时候，最关键之处在于实践者持棍手掌的上托与下按。

1. 大圈攻击

大圈攻击以持棍手臂的肩关节为挥动轴心，甩棍运动轨迹过身体整体面。

（1）大圈正劈：即12点钟圈形攻击，实践者持棍从头顶向前、向下、向后再向上做椭圆轨迹运动（图4-4-24~图4-4-29）。

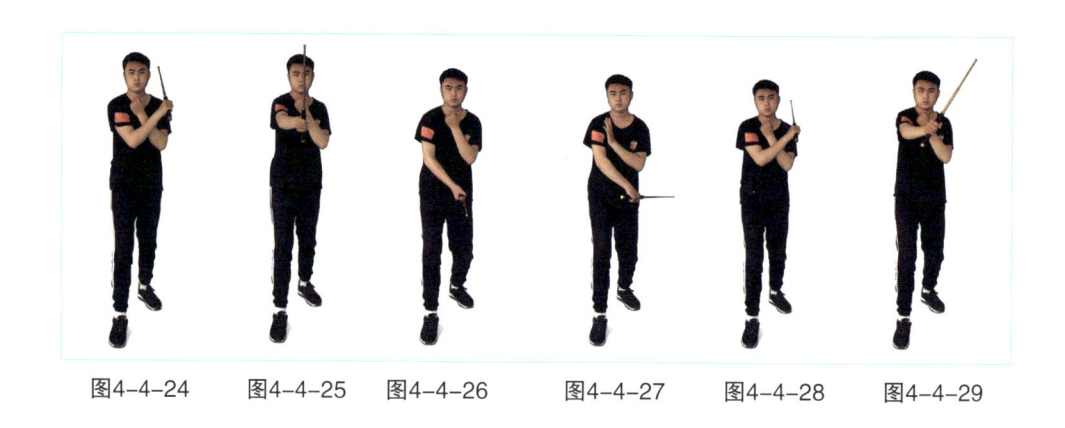

图4-4-24　　图4-4-25　　图4-4-26　　图4-4-27　　图4-4-28　　图4-4-29

（2）大圈正撩：即6点钟圈形攻击，实践者持棍从下位向前、向上、向后再向下做椭圆轨迹运动（图4-4-30~图4-4-34）。

图4-4-30　　图4-4-31　　图4-4-32　　图4-4-33　　图4-4-34

（3）大圈左扫：即3点钟圈形攻击，实践者持棍从身体右侧向前、向左再从头上过对侧肩位向后、向右做椭圆轨迹运动（图4-4-35~图4-4-41）。

图4-4-35　　图4-4-36　　图4-4-37　　图4-4-38　　图4-4-39　　图4-4-40　　图4-4-41

（4）大圈右扫：即3点钟圈形攻击，实践者持棍从身体左侧向前、向右再从头上过对侧肩位向后、向左做椭圆轨迹运动（图4-4-42~图4-4-48）。大圈扫技其实在前面扫技回收已经讲过，只不过当时没有涉及到大小圈概念罢了。

图4-4-42　　图4-4-43　　图4-4-44　　图4-4-45　　图4-4-46　　图4-4-47　　图4-4-48

2. 小圈攻击

小圈攻击以持棍手腕肘为挥动轴心，甩棍运动轨迹处于身体一个侧面。

（1）小圈左劈：即1点钟或2点钟方向小圈劈技，实践者持棍在身前沿右上左下斜圆做连续两次斜劈（图4-4-49~图4-4-54）。

图4-4-49　　图4-4-50　　图4-4-51　　图4-4-52　　图4-4-53　　图4-4-54

（2）小圈右劈：即10点钟或11点钟方向小圈劈技，实践者持棍在身前沿左上右下斜圆做连续两次斜劈（图4-4-55~图4-4-60）。

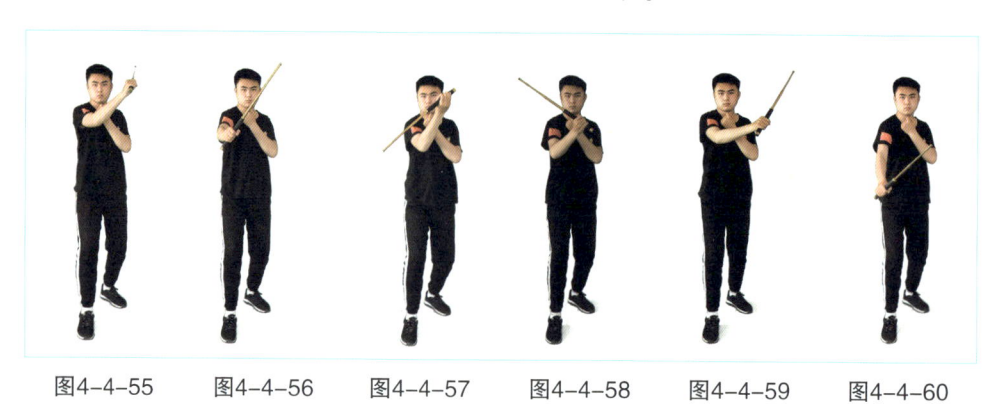

图4-4-55　　图4-4-56　　图4-4-57　　图4-4-58　　图4-4-59　　图4-4-60

（3）小圈左撩：即4点钟或5点钟方向小圈撩技，实践者持棍在身前沿右下左上斜圆做连续两次斜撩（图4-4-61~图4-4-66）。

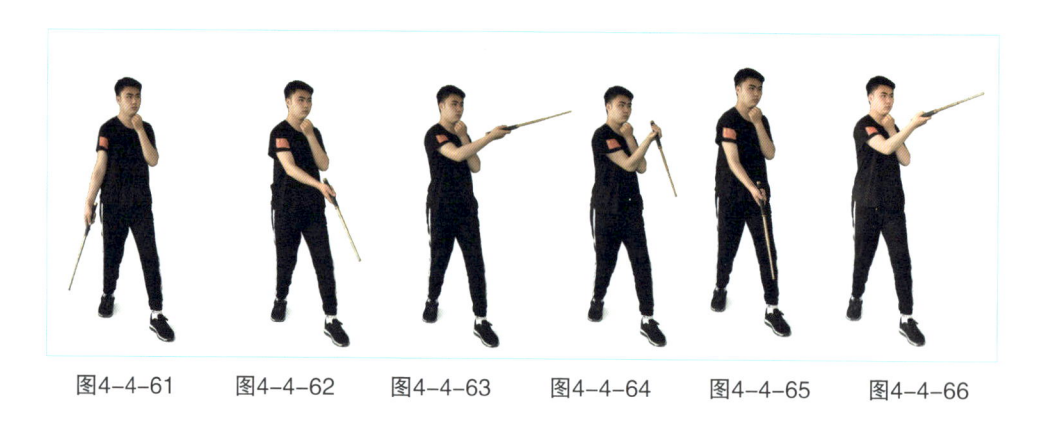

图4-4-61　　图4-4-62　　图4-4-63　　图4-4-64　　图4-4-65　　图4-4-66

（4）小圈右撩：即7点钟或8点钟方向小圈劈技，实践者持棍在身前沿左下右上斜圆做连续两次斜撩（图4-4-67~图4-4-72）。

图4-4-67　　图4-4-68　　图4-4-69　　图4-4-70　　图4-4-71　　图4-4-72

（5）小圈左扫：即3点钟方向小圈扫技，实践者持棍在身前沿右左平圆做连续两次左扫（图4-4-73~图4-4-78）。

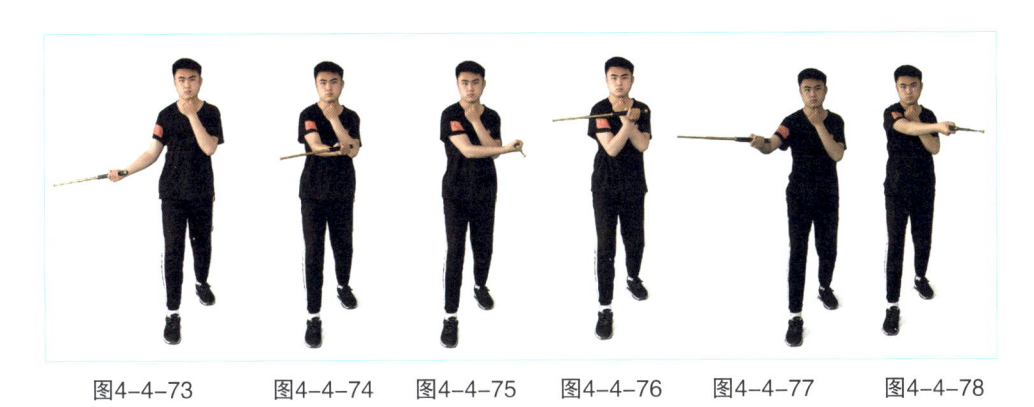

图4-4-73　　图4-4-74　　图4-4-75　　图4-4-76　　图4-4-77　　图4-4-78

（6）小圈右扫：即9点钟方向小圈扫技，实践者持棍在身前沿左右平圆做连续两次右扫（图4-4-79~图4-4-84）。

图4-4-79　　图4-4-80　　图4-4-81　　图4-4-82　　图4-4-83　　图4-4-84

当然，实践者也可以在身体两侧做向下或向上的小圈攻击，这里就不再做示范了。

三、反手持棍攻击法

所谓反手持棍，指的是实践者手握甩棍手柄，与常规握棍不同的是——虎口端朝向棍尾（图4-4-85），其他要求完全与常规握棍一般无二，在单手反手持握甩棍的同时，另外那只手也可适当辅助。

图4-4-85

反手持握闭合状态甩棍与常规持握闭合状态甩棍攻击技法没有什么区别，这个内容我们留待下节（第五节）做专门讲解，这里暂且略过。

当实践者反手持握展开的甩棍的时候，棍尾端以弧线勾击与直线刺为主要攻击技法，棍身部分以弧线挥击常见，棍前端以弧线杵与直线杵常见。

（1）反手持握开棍的尾端勾击：从上向下的12点钟勾击（图4-4-86、图4-4-87）；从右向左的3点钟勾击（图4-4-88、图4-4-89）；从下向上的6点钟勾击（图4-4-90、图4-4-91）；从左向右的9点钟勾击（图4-4-92、图4-4-93）。

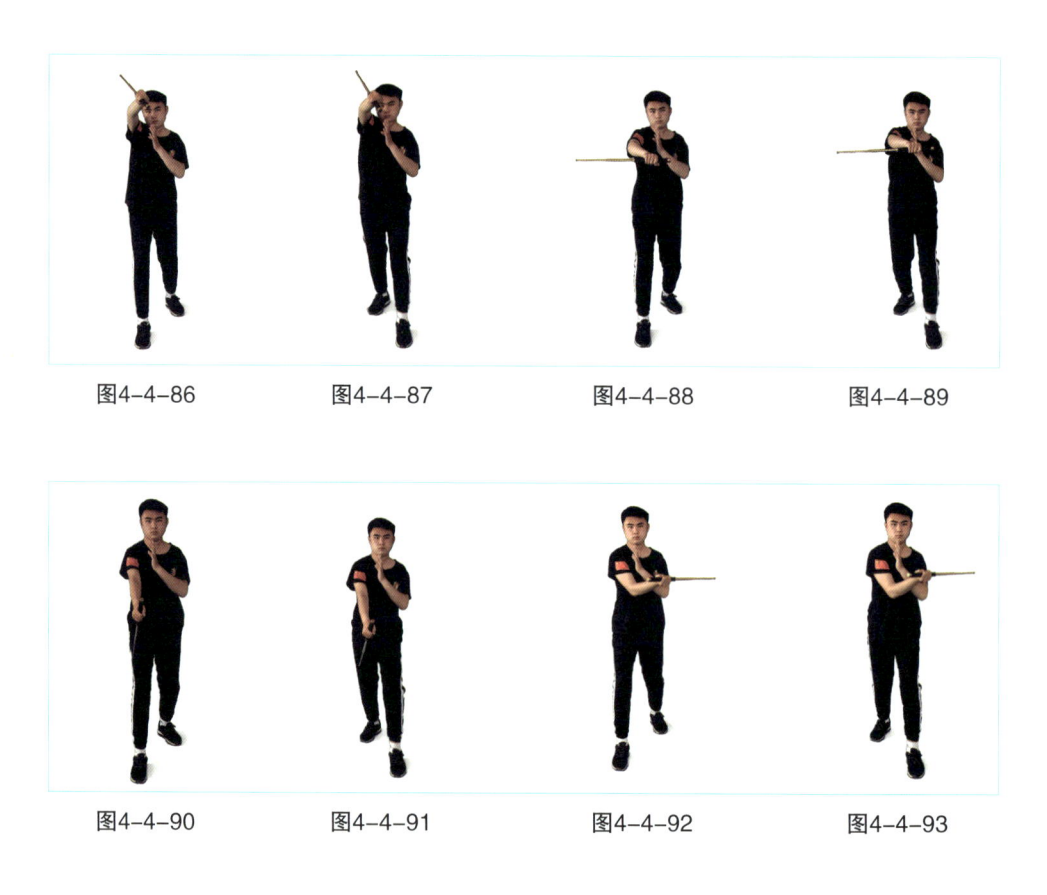

图4-4-86　　　　图4-4-87　　　　图4-4-88　　　　图4-4-89

图4-4-90　　　　图4-4-91　　　　图4-4-92　　　　图4-4-93

（2）反手持握开棍的尾端直线击：高位的12点钟直线刺杵（图4-4-94、图4-4-95）；右侧的3点钟直线刺杵（图4-4-96、图4-4-97）；低位的6点钟直线刺杵（图4-4-98、图4-4-99）；左侧的9点钟直线刺杵（图4-4-100、图4-4-101）；中间位置的直线前刺杵（图4-4-102、图4-4-103）。

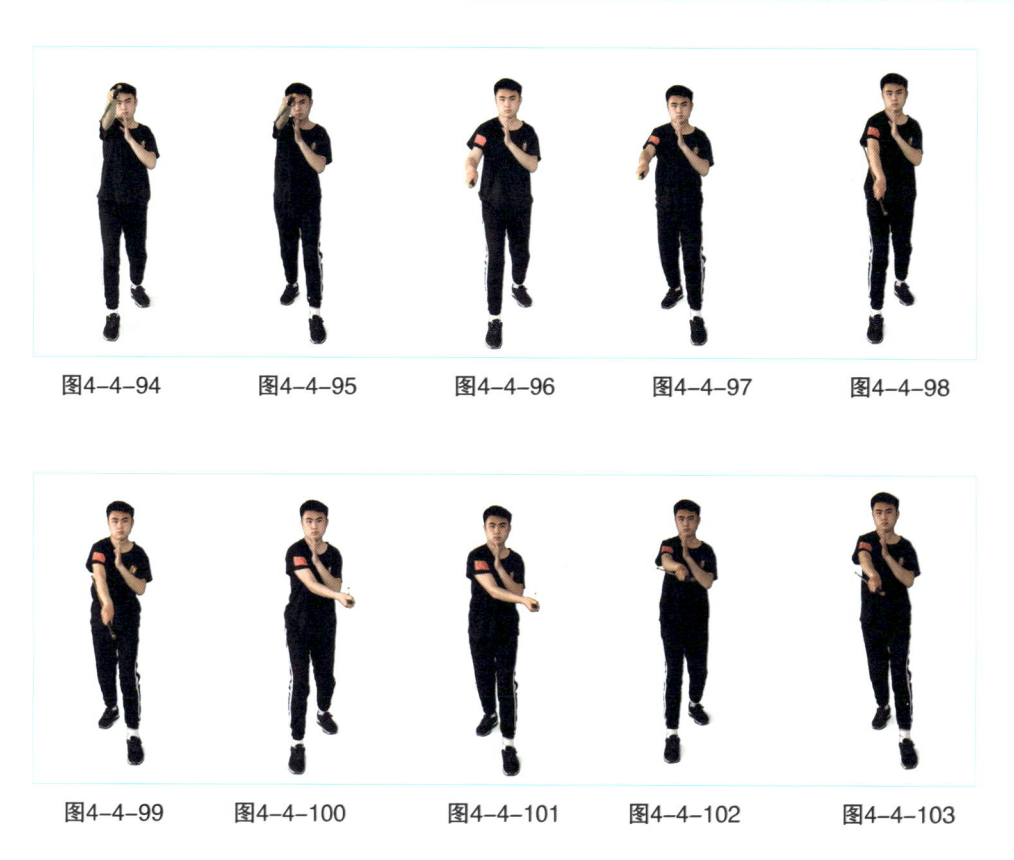

图4-4-94　　　　图4-4-95　　　　图4-4-96　　　　图4-4-97　　　　图4-4-98

图4-4-99　　　　图4-4-100　　　　图4-4-101　　　　图4-4-102　　　　图4-4-103

（3）反手持握开棍的棍身挥击：从上向下的12点钟挥击（图4-4-104、图4-4-105）；从右向左的3点钟挥击（图4-4-106、图4-4-107）；从下向上的6点钟挥击（图4-4-108、图4-4-109）；从左向右的9点钟挥击（图4-4-110、图4-4-111）。

图4-4-104　　　　图4-4-105　　　　图4-4-106　　　　图4-4-107

神兵利器 截拳道概念甩棍权威教程

图4-4-108　　　　图4-4-109　　　　图4-4-110　　　　图4-4-111

（4）反手持握开棍的前端弧线杵：从上向下的12点钟弧线杵（图4-4-112、图4-4-113）；从右向左的3点钟弧线杵（图4-4-114、图4-4-115）；从下向上的6点钟弧线杵（图4-4-116、图4-4-117）；从左向右的9点钟弧线杵（图4-4-118、图4-4-119）。

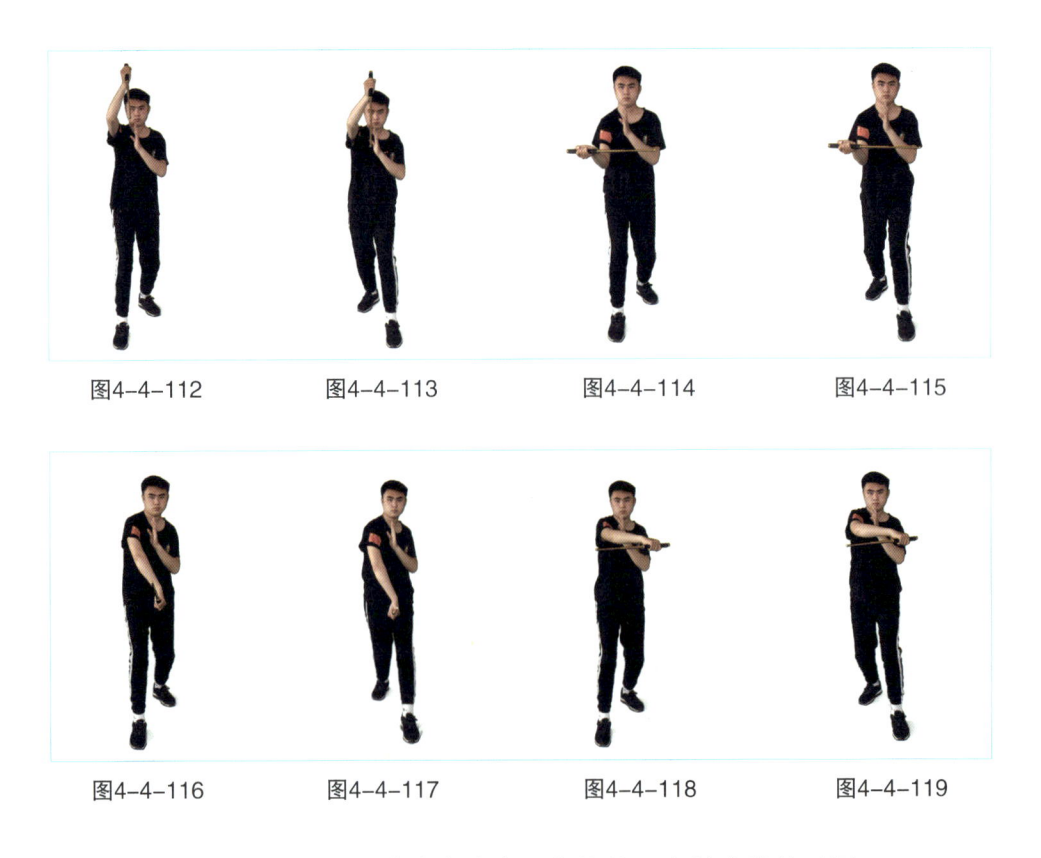

图4-4-112　　　　图4-4-113　　　　图4-4-114　　　　图4-4-115

图4-4-116　　　　图4-4-117　　　　图4-4-118　　　　图4-4-119

（5）反手持握开棍的前端直线杵：高位的12点钟直线杵（图4-4-120、图4-4-121）；右侧的3点钟直线杵（图4-4-122、图4-4-123）；低位的6点钟直线

94

第四章 甩棍攻击技术

杵（图4-4-124、图4-4-125）；左侧的9点钟直线杵（图4-4-126、图4-4-127）。

图4-4-120　　　　图4-4-121　　　　图4-4-122　　　　图4-4-123

图4-4-124　　　　图4-4-125　　　　图4-4-126　　　　图4-4-127

四、扇形攻击法

扇形攻击法顾名思义，就是用类似摇动扇子取风纳凉一样的动作。实践者持棍的手腕、肘关节尽可能快地扭动来对同一攻击目标的两侧做交替攻击。

（1）扇形攻击"上到下"：从打击高位的12点钟方向的头面，到撩击低位的6点钟方向的下身（图4-4-128~图4-4-131）。

图4-4-128　　　　图4-4-129　　　　图4-4-130　　　　图4-4-131

（2）扇形攻击"下到上"：动作与扇形攻击"上到下"相反（图4-4-132~图4-4-135）。

图4-4-132　　　　图4-4-133　　　　图4-4-134　　　　图4-4-135

（3）扇形攻击"左到右"：从挥击右侧的3点钟方向的目标，到挥击左侧的9点钟方向的目标（图4-4-136~图4-4-139）。

图4-4-136　　　　图4-4-137　　　　图4-4-138　　　　图4-4-139

（4）扇形攻击"右到左"：动作与扇形攻击"左到右"相反（图4-4-140~图4-4-143）。

图4-4-140　　　　图4-4-141　　　　图4-4-142　　　　图4-4-143

第五节　闭合甩棍攻击法

对于常人甚至是对于某些有过训练经历的人来说，在险境中能够做到处变不惊的并没有多少。高压往往令人反应迟缓、动作僵硬。在巨大的压力下，实践者可能有时间出棍对敌，却没有时间开棍。这种情况下，实践者不得不用此类"超短棍"对敌。基于这个缘由，我们集闭合甩棍的攻击技法于一节来专述。经过专门训练，实践者可以去除对甩棍开棍应用技术的过分依赖，把思想从固有模式中解脱出来，即可自由地用"超短棍"解困救己于危难之中。

闭合甩棍的技法模式源自袖棍。袖棍也叫掌（中）棍、袖珍短棍、酷巴藤、酷棍等。酷棍是一种近距离防卫用具，英文名称为"Kubotan"，由日本武术大师久保田（Kubota）从日本柔术兵器"柔棒"（Yawara）改良而来。酷棍的尺寸通常为长5.5英寸（14厘米），直径0.56英寸（1.5厘米），材质多为木质、塑料或合金。酷棍的尾端往往挂有一个钥匙环，这样一方面可以增加酷棍的隐蔽性，让它在普通人眼里看来就像一个钥匙坠一样；另一方面也可以扩展酷棍的攻击模式，可以用尾端所挂的钥匙扫击对方的面部。

甩棍在收缩状态下尺寸与酷棍形制相仿，可以完全套用酷棍的打法，即通过点打对方的薄弱部位或对其关节实施擒锁来制敌。不过需说明的是，两者在应用原则上却迥然不同。酷棍由于受到本身长度的限制，实践者只能靠近对方实施贴身近战；甩棍则不同，它的长度是可以延长的，所以只有在双方距离已经非常近或者你的肢体被对方控制，而你却尚未完成开棍的情况下，才适合使用这种打法。一旦摆脱对方的纠缠，那么就应该立刻拉开双方距离，果断开棍，然后实施攻击。

实践者手握闭合状态的甩棍，甩棍在虎口侧如正向握刀状态，小指侧如反手握刀形式。一般情况下，实践者可以用闭合甩棍两端分别做攻击或是用于控制缠斗；也可以把闭合甩棍握在手中，加强拳法的攻击性。

一、对敌姿势

在不同情况下，实践者手持闭合甩棍站立的对敌姿势各不相同，主要有以下三种：重武器前置对敌姿势（图4-5-1）、横步对敌姿势（图4-5-2）、重武器后置对敌姿势（图4-5-3）。

神兵利器 截拳道概念甩棍权威教程

图4-5-1　　　　　　　图4-5-2　　　　　　　图4-5-3

二、勾击

勾击即弧线运动轨迹的攻击，既可以用于缠斗控制，也可用于对要害击打。

（1）以握棍手虎口前端甩棍突出部分做攻击触点的勾击：从上向下的12点钟勾击（图4-5-4、图4-5-5），从右向左的3点钟横向勾击（图4-5-6、图4-5-7），从下向上的6点钟勾击（图4-5-8、图4-5-9），从左向右的9点钟横向勾击（图4-5-10、图4-5-11），从右上向左下的2点钟勾击（图4-5-12、图4-5-13），从左上向右下的10点钟勾击（图4-5-14、图4-5-15）。

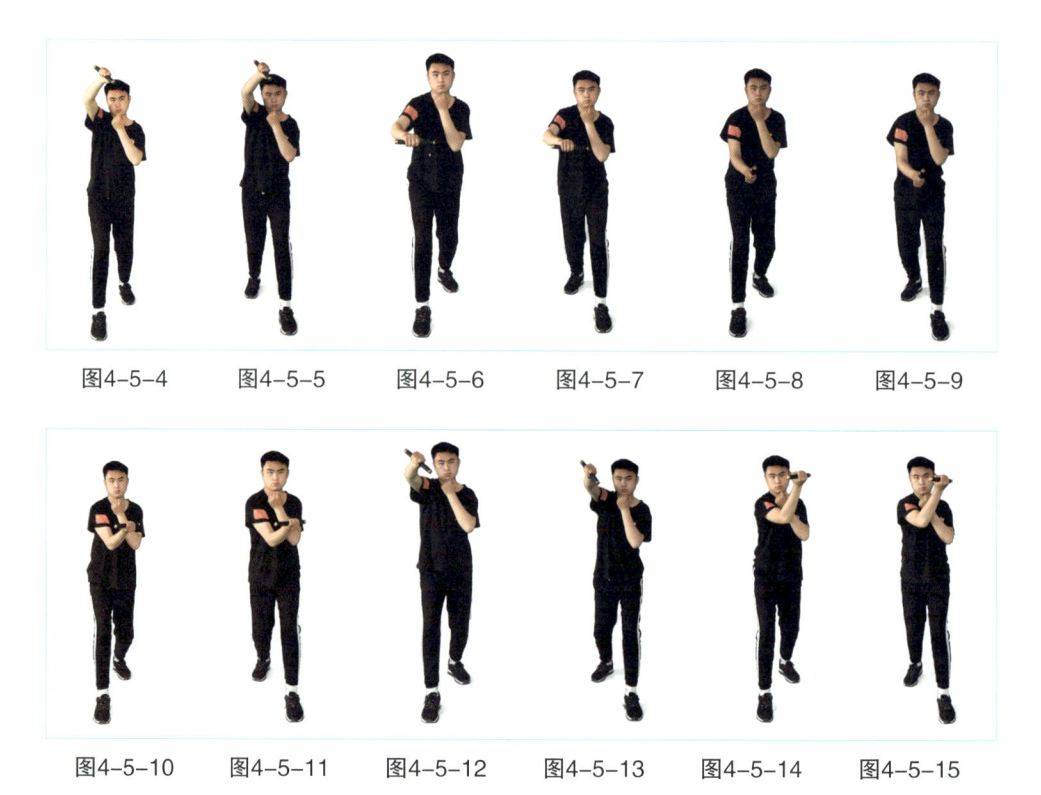

图4-5-4　　图4-5-5　　图4-5-6　　图4-5-7　　图4-5-8　　图4-5-9

图4-5-10　　图4-5-11　　图4-5-12　　图4-5-13　　图4-5-14　　图4-5-15

（2）以握棍手小指后端甩棍突出部分做攻击触点的勾击：从上向下的12点钟勾击（图4-5-16、图4-5-17），从右向左的3点钟横向勾击（图4-5-18、图4-5-19），从下向上的6点钟勾击（图4-5-20、图4-5-21），从左向右的9点钟横向勾击（图4-5-22、图4-5-23）。

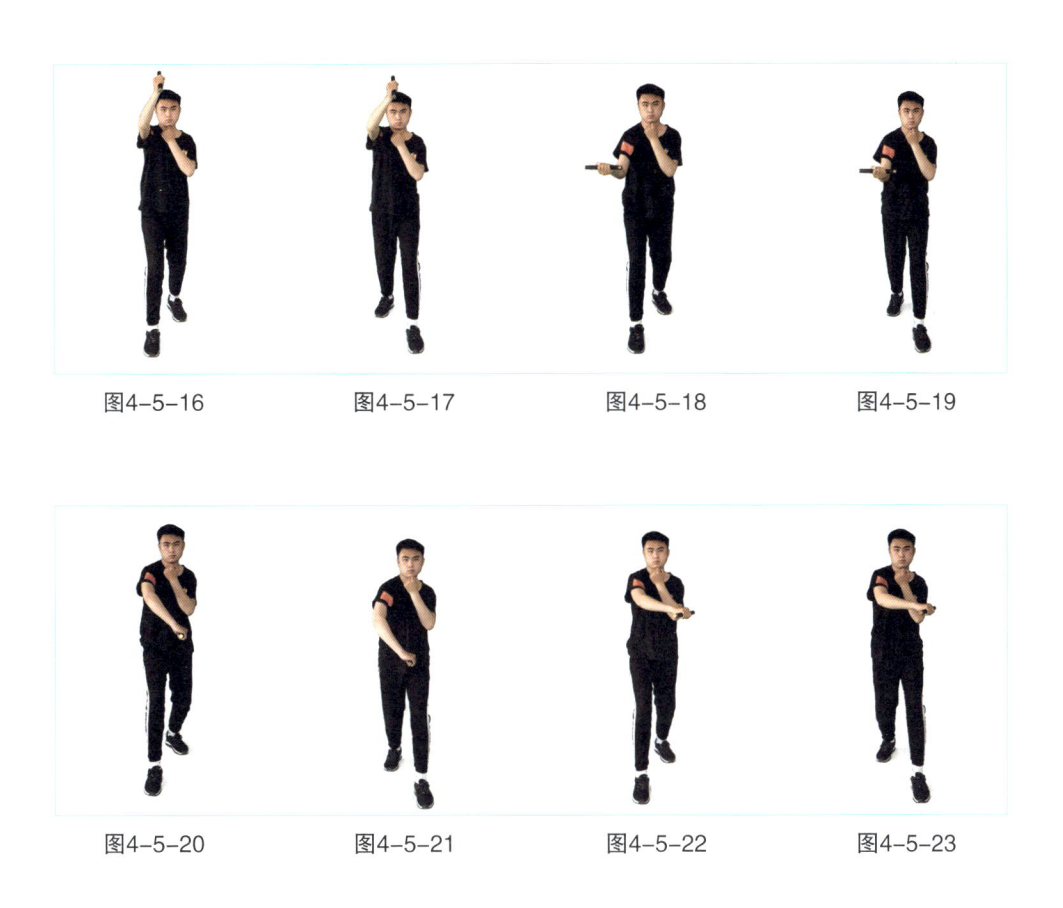

图4-5-16　　　　　图4-5-17　　　　　图4-5-18　　　　　图4-5-19

图4-5-20　　　　　图4-5-21　　　　　图4-5-22　　　　　图4-5-23

三、直线刺击

（1）以实践者握棍手虎口端甩棍突出部分为攻击触点：高位的12点钟直刺（图4-5-24、图4-5-25），右侧的3点钟直刺（图4-5-26、图4-5-27），低位的6点钟直刺（图4-5-28、图4-5-29），左侧的9点钟直刺（图4-5-30、图4-5-31）。

（2）中间位置的前刺（图4-5-32、图4-5-33）。

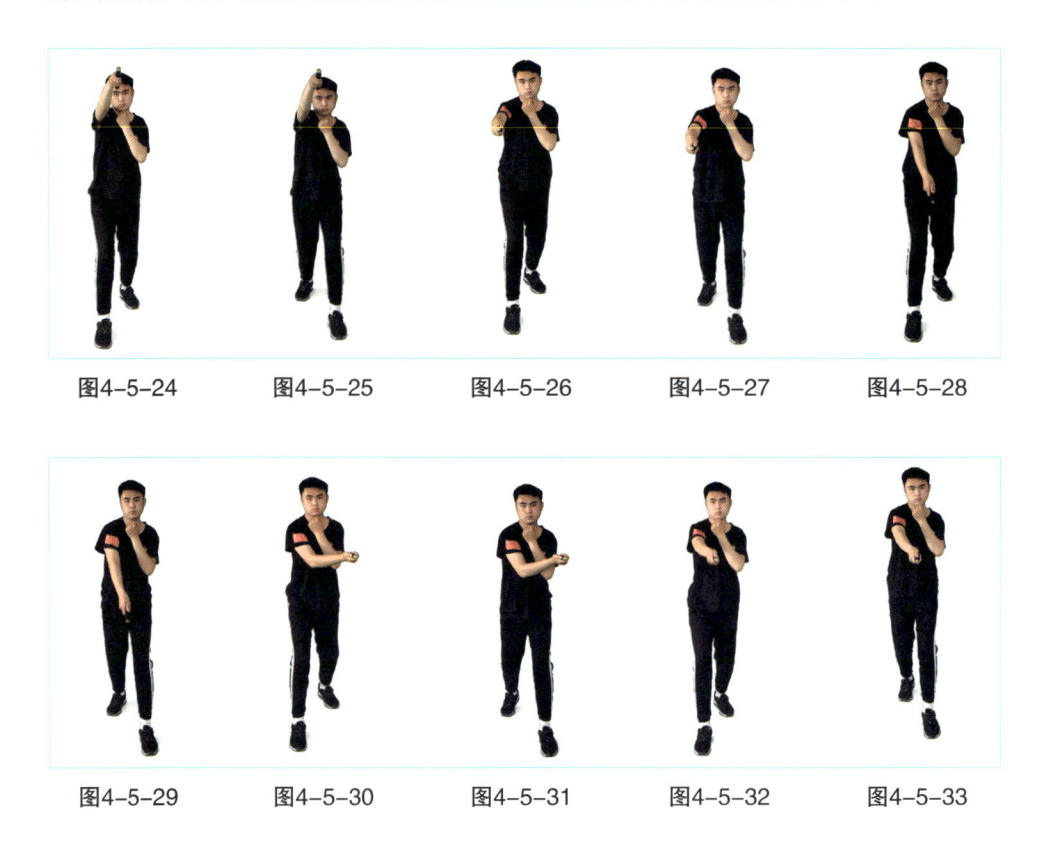

图4-5-24　　　图4-5-25　　　图4-5-26　　　图4-5-27　　　图4-5-28

图4-5-29　　　图4-5-30　　　图4-5-31　　　图4-5-32　　　图4-5-33

四、握棍打拳

实践者持闭合甩棍于手中，以强化徒手发拳之力：前手直拳（图4-5-34），后手直拳（图4-5-35），上勾拳（图4-5-36），平勾拳（图4-5-37），横拳即背捶或翻背拳（图4-5-38），前手扣杀（图4-5-39），后手抛拳（图4-5-40）。

图4-5-34　　图4-5-35　　图4-5-36　　图4-5-37　　图4-5-38　　图4-5-39　　图4-5-40

第六节　攻击技术训练方法

对于任何技术，实践者从初学乍练到自由运用都需要一个训练的过程。此中如果训练方法得当则利于实践者对技术的快速掌握；否则，实践者就可能花费大量的时间。本书是专门针对众多零起点实践者而设置的自卫课程，所以在单纯技术介绍之后，非常有必要为广大实践者提供一些行之有效的训练方法来提高实际训练的效率。

下面我们着重介绍一些针对本节技术的训练方法。不过需要说明的是，这里的训练是用木质短棍代替甩棍，因为基于甩棍的结构决定了有一些训练并非完全适用甩棍。

一、空击训练

功夫是一门以动、力为本的对抗艺术。如若要真正体验其动与力的本质所在，则需要用接纳并感觉教练员或训练伙伴的来力这样刺激明显的形式来融入训练之中。然而，实践者在现实的训练中由于多种原因时常会遇到没有伙伴的"尴尬"。这种情况下，实践者需要通过假想空击的形式来独自进行练习。如果空击训练得法，那么其可能成为个人功夫训练最好的方式。

最常见的空击，就是对每一攻击技法进行单一重复练习，旨在使训练者掌握技术的正确动力定型。单一重复练习时，首先需要用横步、左右纵步、左右斜步站立的形式进行定步练习。此后是配步的空击练习，即要在运动中定型攻击技法。

实践者除了按照前边讲解的技术方法进行训练外，还需要做技术上的扩展训练，何为技术上的扩展呢？就是要把原来那些所谓的标准技术，在高低位置、攻击范围及弱势肢体训练方面进行扩充，以全面自身的技能。

标准技术在高低位势的变化，以实践者膝关节屈伸为主要调节方式；攻击范围的扩充则需要把攻击放到12点时钟的每个点位；弱势肢体训练就是实践者用自己那只不常用的手来握棍进行标准技术练习。如果实践者已经熟练了上述训练，再做空击练习时就可以把有各种条件限制训练混合在一起做自在训练。

二、击物训练

以简单训练器材或其他替代物来承受实践者攻击的训练形式称为击物。承受物体的多样性，造就了不同的击物训练方法。

1. 大力击物

　　大力击物是以发展攻击力量与适应碰撞感觉为主要目的的击物训练，与空击的最大不同就是，能够让实践者确实体验到攻击接触物体时产生的运动感觉反馈，空击则没有这种功效。短棍技法并非只有个人演练，训练最直接的目的在于应用，即对抗。所以用短棍攻击到对手，或对手用其手中的武器抗击实践者短棍击打时都会出现能量冲撞。在接触冲撞过程中，无论攻防哪一方都会在本体运动感觉上产生不同感受，这是不可避免的。在战前训练中提高自己对作用于自身反作用力的反馈适应性，有利于真实打斗时技法的发挥。大力击物训练，多以砂袋、盾靶、木桩、废旧轮胎为主要训练器材。

　　击打砂袋、盾靶是最常见的击物训练形式，特别是在练习徒手技术的时候。但是，用短棍来击打沙袋、盾靶在经济上可能有点划不来，因为如若一条砂袋真的作为短棍大力击物对象，那么从使用到废弃的时间是屈指可算的。

　　木桩，既可以自己栽桩，也可以利用现成的树木，还可以利用成品的人形桩、木人桩。栽的桩即可是木质，也可以用水泥杆或其他物体。但无论是利用现成的树木还是自己栽桩与制好的木桩，都需要在这些物体的表面附着一些胶皮泡沫之类的衬物。这是因为不附衬物的桩体表面十分坚硬，用短棍击打时不能缓冲来自物体的冲撞。出于保护短棍及自身的目的，在桩体上覆物相当必要。

　　作为大力击物训练最适合的承受物，废旧轮胎为最佳选择。这是因为轮胎表面并非如木桩、水泥杆那样坚硬，能够大限度缓冲与吸收短棍攻击力；再则，废旧轮胎的获得既便利也便宜。在进行击打废旧轮胎的时候，实践者可以把单个轮胎悬挂起来进行击打，也可以把多个大小差不多的轮胎摞起来固定在地面进行击打，还可把多个轮胎悬挂起来或摆放在不同的位置上进行模拟实战击打。当然，这里的击物是以基本素质训练为主体的。

　　通过击打轮胎的训练可以直接提升实践者的持棍手在攻防碰撞中的适应能力，具体表现在对短棍的把持与攻击力这两个方面。

　　在开始训练的时候，实践者应该特别注意短棍在攻击运动中的正确把控形式。通常情况下，要用中指与无名指来控制短棍维持攻击行程推进，只有在与轮胎碰撞到一起时才用双手的五指瞬间做适度用力抓控。另外，击物训练中，实践者持棍手起水泡也是训练之初最常见到的现象。随着持久训练，不断地修正对短棍的把握与控制，这种不适的现象自然会消失。

　　以直接伤害对手为目的击打，无论是徒手还是持械，其攻击速度在整个行程中不应该是匀速的，而是须在短时间内从静止快速递增至接触到目标时到最大值为佳。根据运动力学可知，这时候产生的攻击力最大。具体到实践者持棍进行攻击的进程，需要在持棍手臂及整个身体的适度放松中来完成攻击的推进，但在武器触及攻击目标的时候仍需要五指用力抓控一起做到全身用力。这里需要特别注意的是，在持棍发力瞬时持棍手对短棍的把持一定要做合理调整，死死地把握并非正确；否则，很可能扭伤持棍手腕，甚至还可能出现短棍脱手而飞的现象。

除了"松发紧触"影响攻击力大小外，正确合理的身体运动序列也是一个相当重要的因素。一般来说，攻击力根源是由实践者蹬、踏地面产生的反作用力。这个起于地面的力，从脚向上沿腿过髋传至躯干，再由躯干过肩最后通过手臂最后由武器传递到目标上。整个攻击动作类似鞭击。

最后再提醒大家一个细节，那就是在短棍挥物时要尽量用近短棍前端1/3的区域做接触部位，这样能够极大程度地提高攻击速度与冲撞力。如果用棍身中间部位做攻击触点，那么实际攻击效果至少会打二分之一以上的折扣。

2. 精准击物

精准击物是以发展攻击的准确度为主要目标的击物训练，需要实践者自制两个简易的训练设备。

第一个训练设备叫作连球弹性绳。把三个小球固定在一条如橡皮筋类的弹性绳锁上，然后把这条附带三个小球的弹性绳上下拉扯起来，上边系到树上或固定在房间的天花板上，下边固定在地面或地板上，三个小球的高度从上向下依次对准训练者的头、手、膝。对于小球的选用我们倾向于高尔夫球，因其特别结实耐用，而且击打时碰撞声音清脆响亮，如此也能附带了听觉训练。

当然，弹性绳上固定小球的数目并非绝对就是三个，实践者可以根据自己的实际情况自己制定小球的数目及其所固定的位置。对于这个装置的改进，实践者可以自行发挥创造力来完成。

第二个训练设备叫刺笼。可以用竹篾或藤条，还可以用金属丝线材料编织成一个中空且表面存在若干孔洞的球状物。刺笼表面上的孔洞要求直径大于短棍前边端头的粗细。与连球弹性绳一样，在训练之时也需要把其悬挂于空中。

在用连球弹性绳进行训练的时候，既可以从小球静止状态入手攻击，也可以让小球先动起来再启动短棍击打。当小球动起来后，就给实践者的准确击打到位带来困难。这种情况下，单纯集中目光盯紧目标做出手攻击，得手的概率不大，其结果往往事与愿违。倘若能够用周边视觉来留意运动中的小球，则会容易击打到目标。另外在击中小球之时，碰撞发出声音，训练者也可以由此判断攻击到位与否。所以说通过连球弹性绳能够很好协调手、眼、耳三者间的关系，如此能够大幅度提高攻击的准确性。就适应于这种训练的攻击技法而言，劈、撩、扫类的弧线轨迹攻击技法则当为首选。

相对而言，刺笼则更适合用来训练刺技法的出击的准确程度。因为用短棍做刺击时，目标仅仅是一个点，其面积远远小于短棍用弧线攻击所针对的要害"片"区，所以刺技对攻击的精准性要求最高。对悬挂起来的刺笼进行刺击训练，使得短棍从其表面空洞直入其内，则能很好地提高刺击的精准性。

对于刺技的精确练习，实践者还可以进行更方便的训练，即在墙壁或是在手靶用记号笔画圈做标记进行各种刺技训练。另外对于挥击训练，实践者也可以让陪练人员持长棍作为击打的训练目标来完成。相关于简易的精准性训练内容并不复杂，此处不再赘述。

三、对打训练

对打训练区别于前面以个人为主体的练习，需要训练伙伴或陪练人员与实践者来共同完成训练。攻击技法的对打训练，可分为原位击打对抗与配步击打对抗训练。

（一）原位击打对抗训练

原位击打对抗训练是训练双方在自身位置基本不移动的情况下进行的互击训练。需要注意的是，虽然实践者所站位势基本没有变化，但为了提高攻击的力量与准确性，双方需要通过身形的转拧与提沉来协调打击动作。通常而言，身体的走向与攻击方向一致时攻击力最大。原位击打对抗训练也可细分为多种形式。

1. 右脚在前的原位击打对抗训练

训练双方并步对立，右手持棍向前平伸以各自短棍前端接触对方持棍手腕的方式确定二者间距，这个距离大约是训练人员手臂长度的三倍。然后双方右脚各自向前上一步成右纵步站立，右手持棍收至自身前面形成相峙。

双方互以左劈攻击对手上盘左侧头面启动练习。当两棍相碰撞时，实践者须把各自短棍拉拽至身体左侧，然后顺势再做反手右劈互击上盘右侧头面。当两棍相碰撞时，实践者须把各自短棍重新拉拽至身体右侧，接下来双方屈膝矮身做左劈打击对方前膝内侧。当两棍相碰撞时，实践者须把各自短棍拉拽至身体左侧，接着顺势右劈打击对方前膝外侧。最后训练双方把短棍收到身体右侧。至此完成了一个循环的互击练习。

训练双方可以按照训练程序连续重复进行上述对抗练习。如果在开始练习时，感到四次击打一个循环训练"吃不消"，那么可以将其拆解为两个训练即上盘互击与下盘互击分别进行，待适应之后再做完整的四次击打一个循环训练。当然，对于接受能力较强的训练人员来说，也可以把上——上——下——下互击的顺序变更为上——下——下——上的顺序或其他顺序来完成更复杂的原位击打对抗练习。

2. 左脚在前的原位击打对抗训练

区别于右脚在前的原位击打对抗训练，左脚在前的原位击打对抗训练仅是以左纵步站位完成互击打训练，其他内容及要求不变，说明在此从略，只做上——上——下——下互击顺序的四次击打。

（二）配步击打对抗训练

配步击打对抗训练，是指训练双方在不断变换位置的移动过程中来完成互击的训练模式。这种训练形式相对原位击打对抗训练要复杂一些，但总体说来也不是什么难事，只不过是要求训练双方动作的协调性更高一些罢了。

1. 前后三角步配合的击打对抗训练

实践者均以横步右手持棍位站姿对峙；分别上右步实施左劈攻击对手头面，接下来把短棍收到身体左侧同时右脚后撤；然后左脚前上做三角步变换，同时反手右劈对方头面，接下来收棍至自己右侧，同时双方左脚后撤；右脚前上再次做三角步变换，并实施左劈攻击对手前膝内侧，收棍至身体左侧同时右脚后撤；双方再做三角步变换，同时屈膝矮身实施右劈攻击对手前膝外侧；最后，双方把短棍收到至各自身体右侧。如此完成了一个完整循环的四次互击。

根据身体拧转程度与脚下站位的不同，此训练既可以和上述一样单独采用后三角步来完成互击对抗，也可以单独采用前三角步来完成互击对抗。但是，训练初期实践者最好不要把前后三角步混合于一次完整循环的四次互击当中；否则，容易引起混乱。切记，循序渐进才是提高与进步的基本原则。

2. 侧三步（进退步）配合的击打对抗训练

实践者均以横步站立对峙，乙方右脚上前一步右纵步短棍左劈，同时甲方左脚后退一步右纵步短棍左劈，双方在分别实施左劈攻击后把短棍收到身体左侧；接下来乙方左脚进步变换为左纵步站位，同时实施右劈攻击即反手劈针对甲方头面，同时甲方右脚后退一步变换为左纵步站位，实施右劈即反手劈攻击乙方头面，双方短棍碰撞，而后各自收棍至身体右侧。乙方右脚进步变换为右纵步站位，同时实施左劈攻击甲方下盘，甲方左脚后退一步变换为右纵步站位，同时实施左劈攻击乙方下盘，双方短棍碰撞，而后各自收棍至身体左侧；乙方左脚再次进步变换为左纵步站位，同时实施右劈攻击甲方下盘，甲方右脚再次退步变换为左纵步站位，实施右劈攻击乙方下盘，双方短棍碰撞，而后各自收棍至身体右侧。

以上四次互击都是乙方用进步与甲方退步的形式配合完成的。接下来甲乙进退互换，即甲方用进步与乙方用退步来完成四次互击。

互击八次为一个完整循环。训练开始的阶段，训练双方也可以把整体的八次互击分成前后两个小节做独立练习。在熟练每个小节之后，即可再做完整练习。

这里应该注意的是，训练双方运用侧三角步即进退步配合击打对抗练习时，脚步前移后退的轨迹并非是直线，而是一条接近直线的向上微凸的弧线。这主要是为了协调正反手劈此类挥击式攻击技法而设定的。

3. 前后移步配合的击打对抗训练

实践者均以右纵步、右手持棍前位站姿对峙，双方持棍同时做左劈攻击对方的头面要害。这个过程中乙方用前移步，甲方用后移步，双方在对劈碰撞后把短棍收至各自身体左侧。接下来，乙方前移步右劈攻击对方的头面，同时甲方后移步右劈攻击对方的头面，双方在对劈碰撞后把短棍收至各自身体右侧。

然后训练双方再次重复上述乙方进、甲方退的正、反手互劈各一次，只不过这两次用到的左劈与右劈攻击的是对方下盘膝关节内侧。如此完成了以乙进、甲退为特征的四次对劈。然后甲乙互换进退，即以甲方做前移步、乙方做后移步来完成四次对劈互击。至此完成八次互击定为一个完整的循环小节。

如果训练初期，双方感觉八次互击有所困难，可以如前边训练一样做分段练习，逐渐熟练后再做完整重复训练。

4. 配步环绕击打对抗训练

这里提到的环绕不同于前面章节中的环绕步个人技术。本节的"环绕"指的是训练双方在对打互击过程中，在一个轨迹近似圆环的路径上做位移。

实践者均以横步右手持棍前位站姿对峙，双方在分别实施左劈攻击对方头面，同时把右脚置于左脚后，收短棍至自己身体左侧。接下来，双方做右劈攻击对方头面，此中各自把左脚向左前侧移动，短棍在碰撞后收至身体右侧。如此重复上述动作沿圆环运动一周为一次完整循环。

上述是以右脚左后移动为特征的环绕负载互击训练。当然训练者也可依照此做左脚右后移动为特征的环绕来负载击打对抗训练。

第五章　甩棍防御技术

攻击与防御是一对孪生兄弟。二者不但相克而且相生，攻防是构建格斗框架结构不可或缺的主体元素。毋庸置疑，攻击的目的在于打败对手，取得战斗的最后胜利。防御表面上是针对攻击来说的，但实际上其终极目的仍是为了击败对手，而绝对不是单纯的消极对抗不挨打。

甩棍防御技法大体可分为非接触防御与接触防御两大类。非接触防御技法以步法身法运动为主体，用闪展腾挪方式达到避险占位的意图。这其中的大部分技术在本书前面的章节里已经讲过，至于具体的实际应用我们将在后面章节作详解。接触防御技法则是实践者通过用自己甩棍或肢体与对手武器、肢体的接触碰撞的形式，来阻挡或妨碍对手进攻。从广义的角度来讲，任何以打击对手攻击武器为特征的攻击技法都可以视为防御技法。但是攻击与防御毕竟是两个相对不同的概念，正所谓"术业有专攻"，我们仍需要分门别类地对更适合防御的技术作专门讲解。

甩棍的防御技法可以归纳为格挡、扫拢与抓拿三个基本类别。牢固掌握这三类基本防御技法，略加变通就能衍化、排列组合出复杂的接触防御技法。

第一节　格挡防御

格挡可以简单地理解成在对手攻击到位前，实践者把自己的甩棍放置在对手攻击的必经路线上来阻挡、制止对手的武器进程，从而使得自身免于受到攻击的方法。

格挡的实质在于实践者要用甩棍代替身体来提前承受对手的攻击，作用类似古代的盾牌。当实践者格挡的力量即承受对手攻击的力量大于甩棍与对手的武器接触传导给甩棍的力量时，即能够止动对手武器的进程，做到成功地防御对手攻击。相反，如果格挡的力量小于对手的攻击力量，则不能阻止对手的进攻，对手的武器很可能还会按原定路线攻击入内。这种情况下，虽然格挡没有把对手的

神兵利器　截拳道概念甩棍权威教程

攻击止动于门外，但这样做仍然会卸去对手相当可观的攻击力，进而减缓对手攻击的危害程度。

从本质上讲，用格挡技防御对手的进攻就是以力抵力的正向对碰。防御力是直线推进的，为了降低对手破门而入的风险性，在具体实施格挡的时候，实践者要尽量避免把自身头面等要害部位置于对手攻击面之下，因为一旦自己没有抵挡住对手的进攻，对手的武器则极有可能长驱直入击中对手原定的攻击要害。基于这个原因，实践者在格挡对手攻击的时候需尽可能用步法、身法来协调敌我间的位势，使自身要害与对手攻击方向交错开来。总之，格挡的实施仍需要上、中、下三盘配合。

对于格挡技术的训练，我们以四方格挡即上、下、左、右格挡为基础，然后逐渐把格挡范围扩充到12点钟全方位即可；实践者甩棍格挡的具体实施有左、右手，正、反手与单、双手持握的区分，其中的体位高低则源于身架多样而变化。如此造就了千变万化的甩棍格挡形式，本节提纲挈领只着手于基本的、主体的格挡技法进行讲授，更多内容请大家私下开动脑筋自行补充。

一、非辅助型单手握棍格挡

非辅助单手握棍格挡，即实践者一只手持握甩棍，在不借另一只手辅助支撑的情况下，对敌人的攻击做正面的阻挡。下面示范非辅助右手握棍的基本四方格挡。

单手持握甩棍水平置于头面之上的高位12点钟方向格挡如图5-1-1、图5-1-2所示；单手持握甩棍竖直置于身体右侧的3点钟方向格挡如图5-1-3、图5-1-4所示；单手持握甩棍竖直置于身体左侧的9点钟方向格挡如图5-1-5、图5-1-6所示；单手持握甩棍水平置于腹前的低位6点钟方向格挡如图5-1-7、图5-1-8所示。

图5-1-1　　　　图5-1-2　　　　图5-1-3　　　　图5-1-4

图5-1-5　　　　　图5-1-6　　　　　图5-1-7　　　　　图5-1-8

二、辅助型单手握棍格挡

辅助型单手握棍格挡，即实践者一只手主握甩棍，另一只手臂做辅助支撑的情况下，对敌人的攻击做正面的阻挡。实践者在非辅助型单手握棍格挡的基础上，用另外的手掌、拳或是前臂附着于甩棍之上以加强格挡的力量（图5-1-9~图5-1-11），具体附着的位置视具体应用而定，以附着于甩棍的首节、中节与末节的形式最常见（图5-1-12~图5-1-14）。这里需要提醒的是，用非持棍手附于持棍手腕上的支撑并非可取，因为这种辅助形式产生的力量远远小于附着在甩棍棍身的支持。稍有不慎，对方的大力进攻即会破阻而入（图5-1-15、图5-1-16）。如果用非持械手辅助在甩棍手柄一端，那么最好是用手刀或拳轮，即手掌小鱼际侧抵在甩棍持械手虎口上端处（图5-1-17）。

图5-1-9　　　图5-1-10　　　图5-1-11　　　图5-1-12　　　图5-1-13

神兵利器 截拳道概念甩棍权威教程

图5-1-14　　　　图5-1-15　　　　图5-1-16　　　　图5-1-17

左手辅助右手握棍的基本四方格挡

高位12点钟方向的辅助型单手握棍格挡如图5-1-18、图5-1-19所示；右侧3点钟方向的辅助型单手握棍格挡如图5-1-20、图5-1-21所示；左侧9点钟方向的辅助型单手握棍格挡如图5-1-22、图5-1-23所示；低位6点钟方向的辅助型单手握棍格挡如图5-1-24、图5-1-25所示。

图5-1-18　　　　图5-1-19　　　　图5-1-20　　　　图5-1-21

图5-1-22　　　　图5-1-23　　　　图5-1-24　　　　图5-1-25

三、双手两端握棍格挡

实践者主手握甩棍末节棍柄，另一手持握甩棍的首节，以此架构来抵挡对手的攻击即为双手两端握棍格挡。

双手两端握棍的基本四方格挡

高位12点钟方向的双手两端握棍格挡如图5-1-26、图5-1-27所示；右侧3点钟方向的双手两端握棍格挡如图5-1-28、图5-1-29所示；左侧9点钟方向的双手两端握棍格挡如图5-1-30、图5-1-31所示；低位6点钟方向的双手两端握棍格挡如图5-1-32、图5-1-33所示。

图5-1-26   图5-1-27   图5-1-28   图5-1-29

图5-1-30   图5-1-31   图5-1-32   图5-1-33

需要说明的是，高、低位的双手两端握棍格挡以实践者双手拇指相对握棍为宜，左、右侧的双手两端握棍格挡以实践者双手拇指同向朝上握棍为宜。

四、双手长刀式握棍格挡

实践者双手合力如握长刀状握住甩棍手柄来抵挡对手的进攻，即为双手长刀式握棍格挡。这个握棍结构类似于现代棒球、曲棍球、板球运动员握棍架式。其实双手长刀式握棍格挡的形式与前面攻击章节中的常规双手合力握棍一模一样。一般情况下，这种格挡技法更适合于负载在较长的甩棍之上。

双手长刀式握棍的基本四方格挡

高位12点钟方向的双手长刀式握棍格挡如图5-1-34、图5-1-35所示；右侧3点钟方向的双手长刀式握棍格挡如图5-1-36、图5-1-37所示；左侧9点钟方向的双手长刀式握棍格挡如图5-1-38、图5-1-39所示；低位6点钟方向的双手长刀式握棍格挡如图5-1-40、图5-1-41所示。

图5-1-34　　　图5-1-35　　　图5-1-36　　　图5-1-37

图5-1-38　　　图5-1-39　　　图5-1-40　　　图5-1-41

五、脊式格挡与伞式格挡

脊式格挡与伞式格挡是最常见的格挡技法，二者关系密切。下面对这两种技法进行详解。

（一）脊式格挡

脊式格挡是专门针对正劈攻击而设计的防御技法。实践者右手持握甩棍水平抬起，高于头顶，用来格挡对手的正反手正劈的攻击；间或非持械手从甩棍下面上穿附于对手持棍手内侧或短棍内侧。如此，对手武器、自己甩棍及自己的非持械手共同搭建成类似"屋脊"状的结构，所以把这种防御技法定名为脊式格挡。广义地讲，包括前面讲过的针对12点钟方向的劈击的格挡在内，凡是挡在头面之上甩棍呈水平状态的格挡均可纳入脊式格挡之列（图5-1-42~图5-1-45）。值得注意的是，实践者在运用脊式格挡承接对手攻击时，最好还是用屈膝沉身的形式放低间架来配合其实施，这样更利于顺势卸力。

图5-1-42　　　图5-1-43　　　图5-1-44　　　图5-1-45

（二）伞式格挡

伞式格挡是脊式格挡的一种变化形式。在用脊式格挡对抗对手的大力劈杀的时候，实践者的甩棍与对手武器接触的瞬间不再与地面平行，而以持棍手端在右、在上，甩棍前端在左、在下的倾斜处位形式承接对手的攻击，使得对手的武器沿实践者甩棍下滑。如此就轻而易举地化解掉对手的纵向重劈（图5-1-46、图5-1-47）。

图5-1-46　　　图5-1-47

当然，伞式格挡也可以用时钟定位的角度加以理解。

神兵利器 截拳道概念甩棍权威教程

翼护有人也称其为逆伞式格挡，实践者持棍手手心向外的高位外向格挡，其间架是持棍手端在左、在上，短棍首端在右、在下的倾斜处位形式承接对手的攻击（图5-1-48、图5-1-49）。

相对而言，伞式格挡较脊式格挡更具防御效力。但是，无论是用脊式格挡，还是用伞式格挡防御对手的正劈，实践者都需要特别注意，一定不要把自己的头面要害置于对手武器与自己甩棍正下方，以防格挡失败后为对手武器或自己甩棍惯性下落所伤。

图5-1-48　　　　图5-1-49

第二节　格移防御

格移是实践者用自己武器，即甩棍与对手进攻而来武器做非正面碰撞的防御，使得对手进攻路线由于受到这个外力的作用而发生偏置，从而令其错过对原定攻击目标的打击。

格移区别于格挡，其并非是直接以力抵力的来阻挡对手的攻击进程，而是实践者用甩棍从对手攻击路线的侧面切入其中，迫使对手攻击改变方向，如此阻挠致对手攻击不到位。实践者用于格移对手进攻的力，往往是以弧线轨迹通过碰撞加多角度拖带的形式作用于对手武器之上，最终完成防御的。

从运动轨迹路线上来看，格挡时甩棍的整体运动路线是往返式折线，格移时甩棍的整体运动路线是弧线。通常来讲，格挡被用到防御挥击式攻击时候较多，而格移不但能够用于防御对手挥击式进攻，而且能够用于防御直线刺。当然，现实情况应该实际应对，现实打斗中任何意外都可能发生，所以即便存在例外也属于正常，能够圆融互通才是根本适应之道。举个例子，面对对手持锋利沉重长刀进行攻击，实践者就不能用木质脆弱的短棍做格挡防御。否则，自己武器易为对手武器损坏，更有甚者还会出现对手武器穿越实践者的格挡攻击到位的可能。

从本质上讲，任何格挡动作只需稍稍加以处理——化折为弧就可以认定为是格移。多数情况下，格移是对号入座般的被用来防御直线刺，其机理在于以弧破直。实践者用自己的甩棍把对手进攻而来的武器"擦边""带过"，使得对手原定的直线攻击路线出现曲折，令其偏向原定的打击目标之外，进而化解了受击被刺的危机。

一、高中位格移

高中位格移是针对人体胸以上要害的直线正（前）刺的防御技法。其不仅适用于防御朝向心胸要害的直线正（前）刺，那些朝向人体头面、咽喉的直刺也属于此类格移防御之列。换言之，凡是朝向9点钟方向至3点钟上方（图5-2-1所示深色区域）的刺击均可用高、中位格移技术来应对防御。

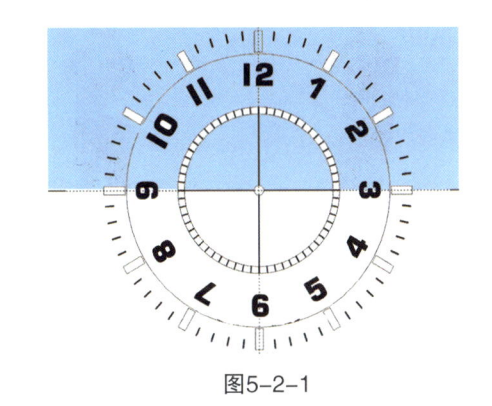

图5-2-1

1. 内向拖挂式格移

实践者右手持棍，在保持甩棍首节高于手柄状态的前提下，右手控棍由右向前、向左做近水平的弧线挥击，在整体的横向移动过程中用棍身来接触拖挂对手短棍到自己外围，间或顺势用自己的非持棍手抑制对手的持棍手臂（图5-2-2~图5-2-5）所示。

图5-2-2　　　　图5-2-3　　　　图5-2-4　　　　图5-2-5

2. 外向拖挂式格移

实践者右手持棍，在保持甩棍首节高于手柄状态的前提下，右手控棍由左向前、向右做近水平的弧线挥击，在整体的横向移动过程中用棍身来接触拖挂对手短棍到自己外围，间或顺势用自己的非持棍手抑制对手的持棍手臂（图5-2-6~图5-2-9）。

| 图5-2-6 | 图5-2-7 | 图5-2-8 | 图5-2-9 |

拖挂式格移整体动作类似于攻击技法中的扫技，扫技是以甩棍水平的状态做的左右挥击，而拍挂式格移可以理解成以甩棍手柄高于首节的倾斜状态做的左右挥击。

3. 内向拍挂式格移

实践者右手持棍，棍身在从右向上、向左再向下螺面区域内做逆时针拍挂对手直线刺击而来的短棍，使其攻击路线偏置到自己身体之外（图5-2-10~图5-2-13）。

| 图5-2-10 | 图5-2-11 | 图5-2-12 | 图5-2-13 |

4. 外向拨挂式格移

实践者右手持棍，棍身在从左向上、向右再向下螺面区域内做顺时针拨挂对手直线刺击而来的短棍，使其攻击路线偏置到自己身体之外（图5-2-14~图5-2-16）。

拍挂式防御动作类似于前面章节我们讲到过的扇形攻击。与用作攻击的扇形击打不同的是，二者接触作用目标不同，攻击针对的是对手的肢体要害，防御针对的是对手的器械武器。

第五章　甩棍防御技术

图5-2-14　　　　　图5-2-15　　　　　图5-2-16

二、中低位格移

中低位格移是针对目标为人体胸部以下要害的直线正（前）刺的防御技法。对应于格斗时钟，凡是朝向9点钟方向至3点钟下方（图5-2-17所示的深色区域）刺击均可用中低位格移技术来应对防御。

1. 内向拖挂式格移

图5-2-17

实践者右手持棍，在保持甩棍首节低于手柄状态的前提下，右手控棍由右向前向左做近水平的弧线挥击。在整体的横向移动过程中，用棍身来接触拖挂对手短棍到自己外围，间或顺势用自己的非持棍手置于对手的持棍手上做抑制。内向拖挂式格移动作分为持棍手手心向上、虎口朝前与持棍手手心向外、虎口朝下两类，分别如图5-2-18~图5-2-25所示。

图5-2-18　　　　图5-2-19　　　　图5-2-20　　　　图5-2-21

117

神兵利器 截拳道概念甩棍权威教程

图5-2-22　　　　图5-2-23　　　　图5-2-24　　　　图5-2-25

2. 外向拖挂式格移

实践者右手持棍，在保持甩棍首节低于手柄状态的前提下，右手控棍由左向前再向右做近水平的弧线挥击。在整体的横向移动过程中，用棍身来拖挂对手短棍到自己外围，间或顺势用自己的非持棍手置于对手的持棍手上做抑制。外向拖挂式格移动作分为持棍手手心向上、虎口朝前与持棍手手心向外、虎口朝下两类，分别如图5-2-26~图5-2-33所示。

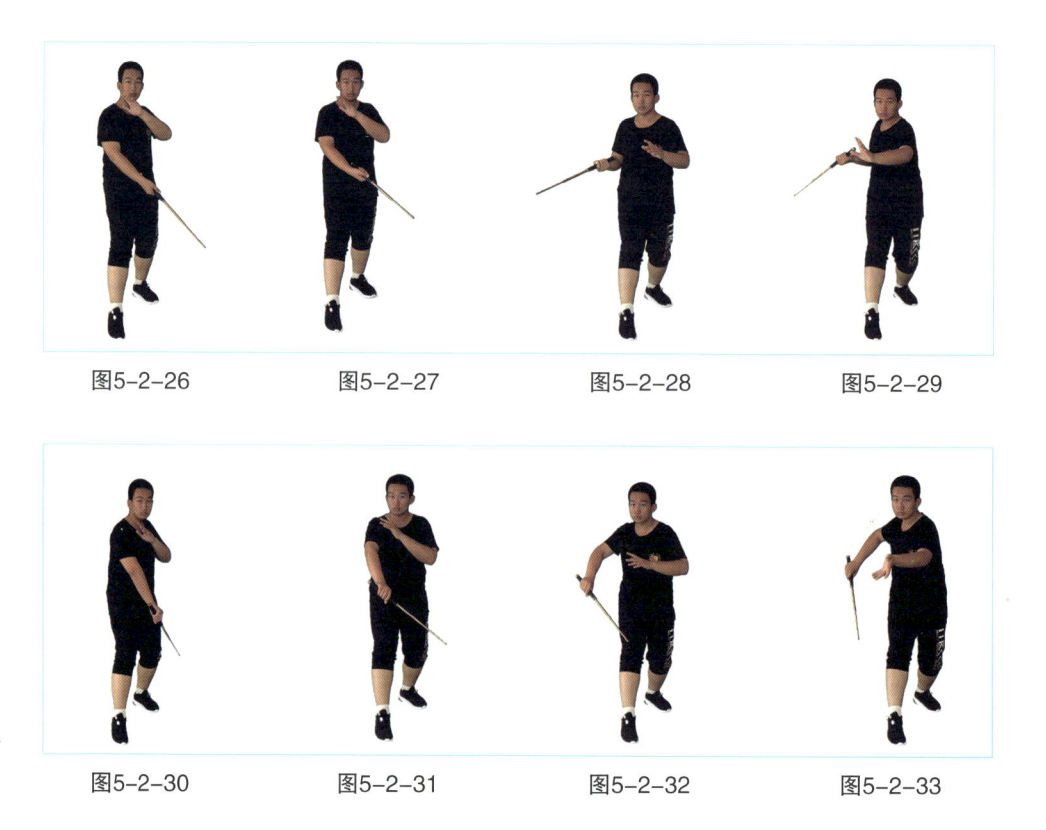

图5-2-26　　　　图5-2-27　　　　图5-2-28　　　　图5-2-29

图5-2-30　　　　图5-2-31　　　　图5-2-32　　　　图5-2-33

3. 内向拍挂式格移

实践者右手持棍，棍身在从右向上、向左再向下螺面区域内做逆时针拍挂对手直线刺击而来的短棍，使其攻击路线偏置到自己身体之外（图5-2-34~图5-2-37）。

图5-2-34　　　　图5-2-35　　　　图5-2-36　　　　图5-2-37

4. 外向拍挂式格移

实践者右手持棍，棍身在从左向上、向右再向下螺面区域内做顺时针拨挂对手直线刺击而来的短棍，使其攻击路线偏置到自己身体之外（图5-2-38~图5-2-41）。

图5-2-38　　　　图5-2-39　　　　图5-2-40　　　　图5-2-41

需要特别说明的是，实践者在实施格移技术的时候，可以通过对身法及膝关节屈曲程度的调节来进行自身间架高低调整，以期成为更适应不同高低攻击的防御技法。

第三节　其他防御技术

一、抓拿控制

甩棍的接触防御技法的实施，除了实践者需要通过用自己的甩棍来接触对手武器的形式完成外，在中、近距离格斗范畴上，更多的时候还需要用自己的非持棍手以抓、拍、挂、拿等形式来控制对手的持械手或武器。非持棍手在甩棍的接触防御中合理运用是完备的甩棍防御技不可或缺的重要组成。

非持棍手，也称"活手"或"生手"。在防御对手攻击的时候，实践者用非持棍手与短棍一起协作共同来应对外来攻击；在反击对手的攻击的时候，实践者根据实际情况所需，通过非持棍手对对手肢体或武器的进一步深度控制来拖延对手武器的回防。在实际运用之时，活手是以流畅整体运动形式来完成的，防御与反击间不会产生不必要的中断或动作脱节的现象，使得实践者从防御阶段过渡到反击更加协调自然。

本章设题为防御，所以涉及相关活手的内容在于更多地专注其防御上的性能。至于活手在反击方面的具体功用，我们将在后面章节结合具体的例子作相应的讲解。

用甩棍与对手的攻击武器做接触防御，并非只需通过手臂挥舞甩棍配合非持棍手即可得以实现，其技术的实施仍需要依靠手、眼、身法、步的高度协调配合。这一点需要实践者确实理解与牢记。

二、袖棍防御技术

甩棍在闭合状态下，形同袖棍。闭合状态下的甩棍的防御技术，可以完全套用袖棍防御技术。实践者持袖棍或闭合甩棍正面与持械对手对抗时，多以截击即后发先至的手段——杀前锋手或近距离绝杀重击，来应对对手的攻击。说到实质之处，此为攻击之术。出于这个原因，这些内容我们将在下一个章节即防守反击专题里进行详解。至于袖棍更具"防御意味"的防御技术，则以扫拢技术为代表。

相对于甩棍展开状态下的扫拢技术而言，闭合状态下的甩棍的扫拢技术有两个特别之处。一是自身的接触着力点在拳轮或虎口与武器的结合区域，以方

第五章　甩棍防御技术

便利用这个结构来完成拖挂之用（图5-3-1、图5-3-2）；二是更多时候与对手的接触部位在于对手进攻肢体的两侧，而不是对手手中的武器。下面我们示范闭合状态下的甩棍的左右扫拢技术。

1. 左扫拢技术

对手从实践者左方向右方做弧线攻击时，实践者右手持闭合状态的甩棍做逆时针扫拢，把对手的攻击拖带到实践者身外（图5-3-3~图5-3-6）。

图5-3-1　　　　图5-3-2

图5-3-3　　　图5-3-4　　　图5-3-5　　　图5-3-6

2. 右扫拢技术

对手从实践者右方向左方做弧线攻击时，实践者右手持闭合状态的甩棍做顺时针扫拢，把对手的攻击拖带到实践者身外（图5-3-7~图5-3-10）。

图5-3-7　　　图5-3-8　　　图5-3-9　　　图5-3-10

实践者通过侧身的形式化解对手正面直刺为侧击，用闭合状态下的甩棍做左右扫拢来防控对手的直线攻击。唯一需要注意的是，在运用之时更需要适当身法与步法（比如猫步）的运用来调整敌我双方的位势，来加强动作实施的安全性能。

第四节　防御技术训练方法

与攻击技法训练比较，短棍接触防御技法的学习与训练更需要做双人配合练习，实践者个人单纯捕风捉影般的训练效果绝对没有实际对抗接触训练实惠。

一、空练与触物

对实践者而言，空练是一种无陪练或伙伴的情况下不得已而为之的训练方法。如果实践者单人独自进行短棍的接触防御技法训练时，建议至少要在空练后做触物练习。如果条件许可，可以用竹杆或木棍摆置成不同的空间形式来模拟对手的武器攻击，然后用自己短棍与其相接触来练习格挡或格移技法。

二、对抗训练

1. 单一技法的重复训练

实践者在陪练或伙伴的配合下，对接触防御技法做逐一重复训练，这是最常用到的训练方式。

2. 多项技法的有序训练

陪练者用有序的攻击技法攻击实践者，实践者则用相对应的防御技法来对抗。

这些内容我们相信广大读者都能够明白如何操作，所以不再做过多说明。具体训练内容还烦请各位按自身的实际情况，运用自己的聪明才智来进行自我设计。

第六章　甩棍防反技法

防反，顾名思义就是对敌人的攻击行为进行防守反击。通常来说，防反技法在程序上有先防守后回击的顺序，但是攻防合一、攻防同动的情形在防反中也极为常见。归根结底，防反的本质目的仍然是攻击。换句话说，防反当归属于特殊的攻击形式之列，我们也可以把其定义为，在对手首先启动进攻后所采取的攻击。基于这个原因，防守反击也可称为后发攻击。

一般来说，防反技法是特定防御技法与其对应攻击技法有机组合或是融合。相对于常规单纯的攻击或防御而言，防守反击更具多面性与不确定性。然而尽管防反的表象相当地错综复杂，但其中仍有规律可循。这些规律或者说是原理实为械斗的金科玉律，在现实当中极具广泛的适用性。如果实践者能够全面理解与牢固掌握防反原理，并在实际的自卫格斗中能够做到适时适地合理运用，那么，实践者在实际防卫当中则有极大可能会做到后来者居上，进而主导整个战事的发展方向。

本截拳道概念体系即健安体系的甩棍防反技法，就是在全面遵循防反规律的基础上，以甩棍作为防反实施主体而制定的后发攻击技法。本章节即以防反原理为导向，选择甩棍技术武库中的甩棍开棍防反技法典型战例作讲解。

甩棍在闭合状态下的防反施用及开合联用技法，其根本理念与甩棍开棍防反绝无二致，完全遵循械斗的不二法门。这些课程本章不做专题，相关内容将在后面实战章节中予以示例。

第一节　械斗法门

甩棍实践者在与对手对抗过程，成功实施防守反击技战术的关键在于后发先至，即需要在对手抢先攻击得手之前自己能够攻击到对手。由此出发，我们可以把防反总则归纳为"同动或后发近取，杀前锋手，回环攻击"。

一、同动或后发近取

所谓"近取"就是实践者在实施防反过程中，无论攻、防都要把目标集中于离自己最近的对手武器或要害上。这样一来，实践者就能更加容易地攻击到首先发动攻击的对手。如果在对手攻击到位前，实践者已经重击到对手的身体要害，这样基本上可以断言，对手的抢先攻击由此中途而废。即便是对手的攻击没有停止下来，此时其势如同强弩之末也不存在什么大的威力了。另外，如果能够做到就近或者说早一点防御住对武器的攻击，也就是能够在对手武器发挥最大威力前遏制住对手的攻击，这既容易做到防御成功，也利于更早实施防守反击。

所谓"同动近取或后发近取"指的是甩棍实践者在对方发动攻击的同时或之后，用最快的速度去攻击对手离自己最近的薄弱部位或要害部位。

二、"杀前锋手"

"杀前锋手"就是攻击对手离我们最近的肢体，即手臂或膝足，在械斗里尤指对对手持械手臂的攻杀。"杀前锋手"这一械斗规则在持械格斗中特别重要，试想如果在对抗中能够击中对手的持械手或持械手臂，大多数情况下的结果是对手撒手扔掉手中的武器。一旦对手失去了对武器的控制，而甩棍实践者却是武器在握。那么战局在整体走向上就会发生绝对逆转——正所谓"我为刀俎，人为鱼肉"了！

三、回环攻击

"回环攻击"实际上指的是防御与回击须一体化，这主要体现在防御与回击衔接没有明显间断，而其中具体的防御与回击衔接多是弧线轨迹连接，其形若环，所以称为"回环攻击"。本质上讲，回环攻击的根本目的在于强化得势后反击动作的频率与打击的密度，它的"防御直接反击"精简程序有别于常规防反的机械、费时的"防御后复位再反击"多环节程序。

第二节 对攻——截击

截击是李小龙命名其原始武道体系称谓截拳道核心战术所在，截击最外在表现形式就是以攻代守，即用攻击代替防御来应对对手的攻击，属于高效的防反形式。不过，截击的得手在时机捕获、技战术运用等方面有着非常高的要求——总体上需要做到对敌人武器的攻击一击必毁，对敌人的空档要害攻击一击必杀。截击大体可分为两类，其一是直接式毁灭对攻，其二是承接式渐近对击。

一、直接式毁灭对攻

直接对攻，换话说就是对手攻击对手的，实践者攻击实践者的，对抗双方看似做"各不相干"的攻击。直接对攻需要实践者拥有过硬的技术和良好的心理素质，而近取策略则是直接对攻的最基本的战术，直线刺击与小幅度挥击（短弧挥击）是此中常用到的技法，下面我们看两个典型战例。

1. 以直破弧式直线刺

当对手用大幅度即长弧挥击技法对实践者实施攻击的时候，如果实践者持棍于身前，那么实践者只需用直线刺对攻对手的中线要害，即可破解掉对手的弧线攻击（图6-2-1~图6-2-3）。

图6-2-1　　　　　　图6-2-2　　　　　　图6-2-3

这就是我们经常提到的以直破弧在甩棍应敌中最为经典的战例。在此例中，实践者需要注意的是，要依据敌我间距，正确运用直线步法来配合直线刺的实施。特别是双方相距较远时，实践者更需要把直线前行的前推步等步法合理地组合起来，快速突然地冲向对手，力求在极短的时间内消除距离障碍，突破对手的防线。还需要指出的是，实践者应尽可能在自己的前脚落地前刺中对手，以此来提高攻击力度。

2. 以直破弧式挥击

当对手持棍挥来，实践者持棍于身体右侧时，若实践者右脚在前，可借前推步冲刺置身于对手左后侧，用甩棍做小幅度即短弧挥击对手的前腿膝关节外后侧或踝关节外后侧（图6-2-4~图6-2-6）；如果实践者左脚在前，既可以通过大幅度前推冲刺，也可以通过前移步配合右进步置身于对手左后侧，同时用甩棍做小幅度即短弧挥击对手的前膝关节外后侧或踝关节外后侧（图6-2-7~图6-2-12）。

神兵利器 截拳道概念甩棍权威教程

图6-2-4　　　　　　　　　图6-2-5　　　　　　　　　图6-2-6

图6-2-7　　　　　　　　　图6-2-8　　　　　　　　　图6-2-9

图6-2-10　　　　　　　　图6-2-11　　　　　　　　图6-2-12

　　这一战例的实质仍是以直（进）破弧（攻），只不过此例采用的攻击手段是幅度较小的挥击，有别于上例的直线刺。当然，这一战例也是让位反击的最常见示范。

二、承接式渐近对击

　　与直接式毁灭对攻比较，承接式渐近对击是更具针对性地对对手的具体攻击而采取的攻击。近取杀手是承接攻击最根本的策略。本甩棍体系的杀手技法在细节上与短刀体系的杀手技法略有不同——用手直接与甩棍短棍类的相接触危险程度远远小于与锋刃刀具接触的危险程度。这主要缘于这两类冷兵本质的不同，刀属于利器，棍属于钝器即击打武器。

实践者实施杀手策略的得手基于"以逸待劳"这个理念。对手"远程奔袭"而来，实践者只需身、手配合，瞄准对手的攻击手或手臂，持甩棍在身前做适当角度短弧挥击即可形成一道极具杀伤力的防御屏障。甩棍的杀手技法可按照实施的时机划分为以下三类。

1. 主动迎击式杀手

主动迎击式杀手，即在对手攻击而来的时候，实践者通过身法与步法的合理配合向前运动，径直启动朝向对手的持械手或手臂的攻击，来应对其攻击。

总体来讲，实践者攻击对手的路线是从某一特定方向朝着对手实施攻击的路线迸发的。从理论上说，前面章节所涉及的任何接触格挡技法，只要实践者把自己的甩棍与对手武器相接触，换位到与对手的持械手或手臂相碰撞，都可以变换接触防御技法成为主动迎击式杀手技法。当然，甩棍的攻击技法用于主动迎击式杀手更是毋庸置疑了。

例如，对手持武器对实践者左侧头面进行劈击，实践者只需对准对手攻击而来的持械手，用自己甩棍由右向左迎着对手攻击进行挥击，在对手攻击半途中对其前锋手进行劫杀（图6-2-13~图6-2-16）。

图6-2-13　　　　图6-2-14　　　　图6-2-15　　　　图6-2-16

主动迎击式杀手是最简单、最常见的承接攻击，其得手的关键之处就在于实践者须具备敏锐的洞察力与快速反应能力。实践者要尽可能缩短识别对手攻击所用的时间，最好能够做到与对手攻击同步启动。然后，在这个基础上尽可能快速地去实施"打手"或"杀手"技法。不可否认，"快"是主动迎击式杀手得手的必要保证。

2. 让位交错式杀手

让位交错式杀手即闪让过程中的杀手。这种杀手方式并非单纯把整体对抗意识完全集中在以攻代守的攻击上，而是边闪让对手的攻击边实施杀手的动作。换句话说，要把杀手动作寓闪让动作之中，二者当同时启动，闪让到位之时也就是杀手动作结束之际。此处的闪让既有闪避让位对手攻击的目的，也有占据有利位势即利于实施反击的意图。

例如，当对手持武器对实践者左侧头面进行劈击的时候，实践者当向左移动步闪避对手的打击，与此同时右手持甩棍随着身体移动从右向左对对手的持械手或手臂进行攻击，当实践者置身对手身体左侧时，作为杀手武器的甩棍也应该过位到对手持械手臂另一侧面即右侧（图6-2-17~图6-2-20）。

图6-2-17　　　　　　图6-2-18　　　　　　图6-2-19　　　　　　图6-2-20

从整体而言，闪让中的杀手动作与对手的攻击动作如同两车交错而过一样。攻杀对手的前锋手的发力，就是在这样的交错过位进程中完成的。

与闪让过程中的杀手相类似，实践者也可以依据就近原则在闪让对手的攻击中，朝对手的离自己最近的其他身体要害部位进行攻击。最典型的战例就是，闪让对手攻击同时用甩棍攻击对手前腿的膝关节或小腿（图6-2-21~图6-2-23）。

图6-2-21　　　　　　　　图6-2-22　　　　　　　　图6-2-23

3. 过位追击式杀手

过位追击式杀手，是在闪避对手攻击后实施对对手持械手的攻击。追击式杀手在具体实施时间上要落后于前面的两种承接杀手方式，其先求让位自保，然后才是顺势杀手。追击式杀手得手时机，在于让位对手攻击之后至其攻击路径变向之前。

例如，当对手攻击过来的时候，实践者侧身外闪移置对手右侧，使得对手攻击落空，然后顺着对手的攻击路线从后面用甩棍做追击，来完成攻击对手的持械手或手臂杀手动作（图6-2-24~图6-2-27）。

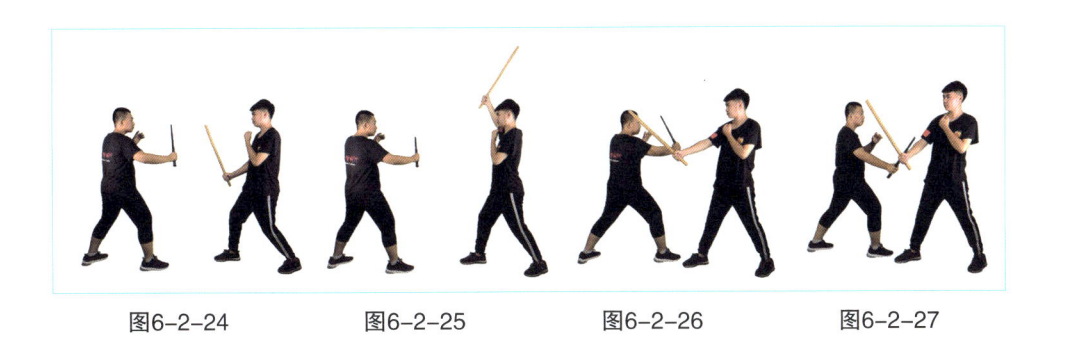

图6-2-24　　　　　图6-2-25　　　　　图6-2-26　　　　　图6-2-27

三、防反对手杀手或阻膝式主动攻击

主动攻击对手的持械手，可能被一些人认为是反常行为。通常情况下，人们把攻击多片面或单纯地理解为对头面及躯干要害的伤害行为，而忽视了直接对四肢的主动打击。对持械手的主动攻击完全符合就近攻击即近取原则，在对手集中精力防备对其头面及躯干要害攻击之时，突袭对手持械手往往令其不知所措，得手的成功率非常高。

当对手在打斗之初抢先实施以杀手为目的的主动攻击时，做为防御一方的实践者可以采用让位回击的策略，把前面攻击章节中提到的圈形攻击法稍稍加以变化即可作为破解之用。整体思路就是前半个动作用于闪避对手实施的打手攻击，后半个动作用于回击对手。

（一）防反对手杀手

当对手用武器挥击实践者的持棍手时，这种情况下，可用不同的形式加以应对。

（1）实践者持棍手向下、向内再向后划弧闪避开对手的攻击，顺势向上、向外再向前挥击对手的持械手手臂（图6-2-28~图6-2-30）。

（2）实践者直接向左髋侧回拽持棍手闪让对手的进攻，顺势向上、向前反手直刺对手头面要害（图6-2-31~图6-2-34）。

神兵利器 截拳道概念甩棍权威教程

图6-2-28　　　图6-2-29　　　图6-2-30　　　图6-2-31

图6-2-32　　　　　　图6-2-33　　　　　　图6-2-34

（二）防反阻膝式主动攻击

与防反对手主动的杀手攻击相对应是防反对手主动的阻膝攻击。这里我们以攻防同动作为主体防反策略，向大家讲解如何应对对手主动实施的对前膝关节的攻击。

当对手用短棍挥击实践者前腿膝关节的时候，实践者可以通过侧三角步把前腿直接后撤至身后，同时用自己的甩棍挥击对手的头面或持棍手来回击对手（图6-2-35~图6-2-37）；实践者也可以通过前后三角步来调换左右脚的前后位势在闪让对手攻击的同时，在上盘用甩棍直接攻击对手的头面要害（图6-2-38~图6-2-41）。

图6-2-35　　　图6-2-36　　　图6-2-37　　　图6-2-38

图6-2-39　　　　　　图6-2-40　　　　　　图6-2-41

当然，实践者在时机把握精准得当的前提下，也可以直接打手的形式来截击对手的阻膝攻击；另外，实践者也可以接触防御再回击的形式加来应对，这个内容请读者参考本章第三节的内容。

用展开的甩棍做杀手式截击，更多情况下适用于中、远距离作战，而在近距离及狭窄空间作战时或多或少有一些局限。相反，闭合状态下的甩棍却非常适用于狭窄环境下的杀手运用。

第三节　　触防——回击

实践者处于中、近距离较常规的街头打斗中时，更应该注重用接触防御技法来自保应急，然后才是回击对手，这点与追击式杀手本质相一致。除了在应用格斗距离范畴上的不同外，二者在具体实施形式也存在着极大的差别。杀手式截击是用闪让来防御攻击的，防反对手的目标就是持械手或手臂；触防再回击是用接触防御技法自保，而反击攻杀对手的目标则不仅仅局限于对手的持械手。依据近取攻击原理，在防御对手攻击成功后，对手的任何便于实践者做顺势打击的要害部位都可能成为防御后首选的攻击目标。

前面已经提到，回环攻击这个防反原则。从本质上来说，回环攻击是特别针对防御后再实施防反而言的，其意在于杜绝或者说是减少防御与回击之间脱节。通过回环的形式把防御与回击合二为一连成整体，从而使得从防御到回击这一过程整个动作更加流畅、精简、紧凑，如此能够把提供给对手的反应时间缩短到最小，从而提升了实践者的攻防效率。

在实际实施回环攻击时，实践者还需要注意下列两个具体事项。

（1）防御与攻击尽可能交错，通常来说，这有两个层面的含义。

一是，防御与攻击上下交错。如果对手攻击实践者的上盘时，实践者防反对手时就应该攻击其中、下盘的要害目标。

神兵利器　截拳道概念甩棍权威教程

例1　当对手持武器做左劈实践者上盘要害时，实践者可用甩棍格挡防御对手进攻，然后顺势攻击对手肋下要害（图6-3-1~图6-3-5）；当对手攻击实践者的下盘时，实践者防反对手就应该攻击其上盘的要害目标。

图6-3-1　　　　　　　图6-3-2　　　　　　　图6-3-3

图6-3-4　　　　　　　图6-3-5

例2　当对手持武器攻击实践者膝关节之时，实践者可用甩棍格挡防御对手进攻，然后顺势攻击对手头面要害（图6-3-6~图6-3-9）；如果对手攻击实践者中盘要害时，实践者需要根据实际情况自由选择对对手哪些身体要害进行攻击。

图6-3-6　　　　　图6-3-7　　　　　图6-3-8　　　　　图6-3-9

例3　当对手持武器做左右扫攻击实践者中盘时，实践者可用甩棍格挡防御对手进攻后，既可顺势攻击对手头面脖颈要害，也可以攻击其肋下要害（图6-3-10~图6-3-14）。

图6-3-10　　　　　　图6-3-11　　　　　　图6-3-12

图6-3-13　　　　　　图6-3-14

二是，甩棍在防御与攻击时处位状态的交错。这突出表现在实践者的甩棍首节前端在攻防过程中前后方位的变化上。实际上，这正是把甩棍接触防御与攻击交织融汇在一起的关键之处。这使得防御没有单纯停滞于止动对手的攻击上，此后进一步脱离对手的武器来做连贯的蓄势，如此启动回击。值得注意的是，从防御到攻击整个回环过程多是以阿拉伯数字"8"的不同形态作为联络的；再则就是在格斗中等距离范畴，实践者的非持械手应该在甩棍防御攻击过程中起到牵制对手持械手的作用。

（2）实践者在整个防反过程中要尽量把自身置于对手身体两侧的攻击盲点。这样做既可以减少对手发起连续进攻的机率，同时也利于实践者发动回击，其重要性非同一般，实践者需要特别予以重视。

第四节　得手——追击

实践者在现实的街头冲突中采取具体什么样的战术形式来实施防御反击，

神兵利器　截拳道概念甩棍权威教程

需要视实际情况来决定。但是，这当中金科玉律"后发近取、杀前锋手、回环攻击"是不会发生变化的。实践者防反得手即由防御转入攻击后，仍然需要用连续攻击的形式来持续压制对手、重创对手，直到对手失去攻击、破坏的能力为止。相反，如果实践者在防反对手后即罢手停止攻击，那么对手极有可能借机重新调整再度组织更加穷凶极恶的进攻。如果实践者真的这样给对手启动二次攻击的机会，等于将自身再度置于虎口之中，后果不堪设想，其危险性不言而喻。所以，当实践者由守转攻之时，一定要做得势不饶人的连续进攻！请牢记，攻击才是取得胜利的最根本保障手段，痛打落水狗非常必要！

防反与其后所承接攻击同样需要流畅衔接，即用前势的结束动作来启动后势，数字8样式的回环成为前后技法相互联络的主要形式。

下面我们结合本章节的内容示范讲解几组典型的完整后发攻击的战例。

战例一

当对手持械左劈攻击实践者左侧头面部位时，实践者用甩棍做向内的扫拢接触防御对手的攻击，同时用非持械手牵制对手的攻击手；甩棍过位于对手的武器下面后，实践者反手挥击对手的右肋下要害；把甩棍收到自己身体右侧，顺势做正反手挥击或刺击对手的头颈左右两侧（图6-4-1~图6-4-8）。

图6-4-1　　　图6-4-2　　　图6-4-3　　　图6-4-4

图6-4-5　　　图6-4-6　　　图6-4-7　　　图6-4-8

战例二

当对手持械反手右劈攻击实践者右侧头面部时，实践者将甩棍做向外的扫拢，接触防御对手的攻击，同时用非持械手牵制对手的攻击手；然后，实践者甩棍过位于对手的甩棍上方，正手向前攻击对手中盘；把甩棍收到自己身体左侧，顺势反刺对手的头面或反挥对手持棍手臂（图6-4-9~图6-4-17）。

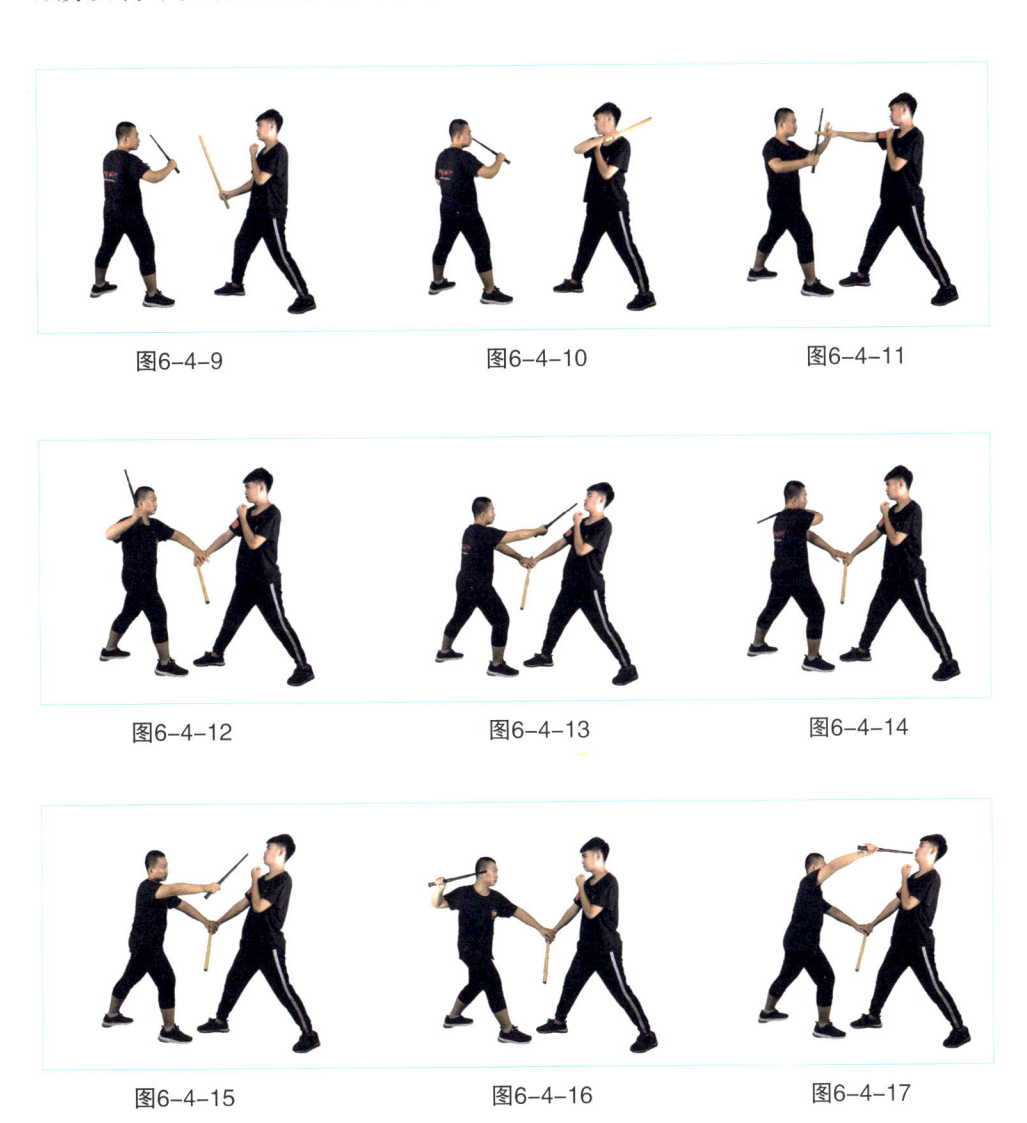

图6-4-9

图6-4-10

图6-4-11

图6-4-12

图6-4-13

图6-4-14

图6-4-15

图6-4-16

图6-4-17

神兵利器 截拳道概念甩棍权威教程

战例三

当对手持械劈击实践者前腿膝关节左侧时，实践者持甩棍做向内的格挡，接触防御对手的攻击，同时用非持械手牵制对手的攻击手；然后，实践者甩棍过位于对手的甩棍上面，正手向前由对手的面门起劈击中线要害；再顺势反手撩其裆部（图6-4-18~图6-4-23）。

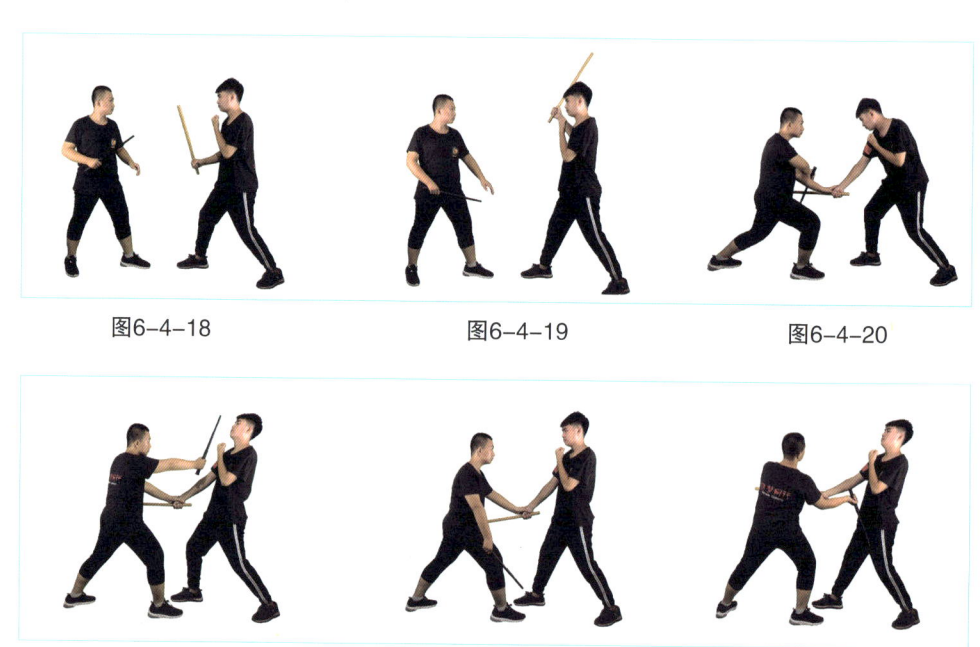

图6-4-18　　　　　　图6-4-19　　　　　　图6-4-20

图6-4-21　　　　　　图6-4-22　　　　　　图6-4-23

战例四

当对手击实践者前腿膝关节右侧时，实践者持甩棍做向外的格挡，接触防御对手的攻击，同时用非持械手牵制对手的攻击手；然后，实践者甩棍过位于对手的甩棍上面，正手向前攻击对手中上盘；把甩棍收到自己身体左侧，顺势反刺对手的头面、心胸要害，或反挥对手持棍手臂（图6-4-24~图6-4-32）。

图6-4-24　　　　　　图6-4-25　　　　　　图6-4-26

图6-4-27　　　　　　　　图6-4-28　　　　　　　　图6-4-29

图6-4-30　　　　　　　　图6-4-31　　　　　　　　图6-4-32

第五节　防反训练方法

防反训练需要双人练习，这里我们提供给大家四种训练模式——对劈发力训练、承接式的防反技术实施模拟训练、实际的杀前锋手训练与沙袋配合训练。

一、对劈发力训练

对劈发力训练常见的有三种基本训练形式。

（1）甲方实施劈技攻击乙方左侧上盘要害，乙方伞式格挡，然后顺势正手回劈甲方的左侧上盘要害；甲方伞式格挡，然后顺势正手回劈乙方的左侧上盘要害。甲乙双方如此做攻防往复循环练习。

（2）甲方实施劈技攻击乙方右侧上盘要害，乙方逆伞式格挡，然后顺势反手回劈甲方的右侧上盘要害；甲方逆伞式格挡，然后顺势反手回劈乙方的右侧上盘要害。甲乙双方如此做攻防往复循环练习。

（3）把（1）与（2）混合起来做练习。当然，不可否认，这需要实践者在熟练前边的两种训练形式之后，才更容易完成此项训练。

二、承接式的防反技术实施模拟训练

所谓承接式的防反技术实施模拟训练，就是明确定位训练中的攻防角色，对防反技术进行训练的方法。要求是陪练者在训练者防反时要承受，而不能防反训练者的防反。当然，训练者的防反须点到即止，也就是说应该止动于陪练者的身体之外。

承接式的防反技术实施模拟训练，沿用从单个的基本技术开始，到有序的连续防反，最后到无序防反这样一个渐进顺序来开展训练。

三、实际的杀前锋手训练

实际的杀前锋手训练需要陪练者用特制的手套来护手，这样训练者就可以做真实的打手训练。另外，就是实践者也可以用"纸棍"类的训练道具，即用纸卷成的甩棍进行"打手"训练，这样就能够省去制作特别护手的程序，利于训练的顺利进行。此外有一点还须注意，就是杀手后的回环攻击，训练者仍需留手，特别是用真实甩棍训练过程中，此点尤其重要。这是因为，一旦陪练的前锋手被击中，而训练者的杀手与防反回环动作又一气呵成，那么普通的陪练人员是很难闪避开继杀手后的攻击。训练者如果不留手，陪练者势必遭到重创。

四、沙袋配合训练

陪练人员两手持棍置身于沙袋后面，然后从沙袋两侧向前攻击实践者，实践者通过接触防御来应对，然后拿沙袋做反击目标进行全力打击。

第七章　甩棍缠斗技术

相对于单纯打斗而言，完备的格斗体系离不开缠斗技术。由把持把握开始的格斗称为缠斗，缠斗可能发生在站立格斗过程中，也可能发生在倒地格斗过程内。

甩棍缠斗，就是有甩棍参与其中的由把持把握开始的格斗。在现实当中，持棍缠斗技的实施与运用是完全遵循徒手缠斗的基本原理与法则的。但是，由于甩棍的参与，持棍缠斗在某些方面仍然是区别于徒手缠斗的。这突出表现在实施缠斗技法的时候，实践者可充分利用甩棍自然属性直接赋予其"杠杆"角色等方面。这不但能够强化常规技法的攻击效果，而且能丰富个人武库，进而衍化出一些徒手肢体武器无法实现的缠斗招术。

在众多武术体系中，通常把较为复杂的缠斗技法设置为高级课程项目内容，专门针对那些具有一定水平的学生来传授。就本教程而言，持棍缠斗技法相对于持棍打斗技法而言更具技巧性与复杂性。如果实践者没有一定的基础就直接学习持棍缠斗技，则很难在短时间内掌握，训练当中出现顾此失彼现象是在所难免的。当然，这不是我们所期待的结果。所以，对于普通实践者来说，循序渐进才是学习与训练的基本原则所在。这一点还请各位牢记！

本章节选择若干典型的精简、易用、高效缠斗技术战例进行讲解，以期对持棍缠斗的基础概念和基本原理作诠释。至于那些令人眼花缭乱、动作过于繁琐且特别偏重于技巧性的高难度缠斗技术，不在本书的讨论范围之内。

第一节　擒摔合一

缠斗主要包含两个基本内容——摔与拿。摔即摔法，摔法就是令对手失衡倒地的技术；拿即拿法，也有人称其为擒拿、擒锁或锁拿，拿法就是令对手折服的攻击技术。另外，除了摔拿外，服务于摔拿或者说附属摔拿的扯拽类纠缠技法也属于缠斗之列。通常来说，在做摔拿技术授课的时候，往往会把纠缠类动作作为整体的一部分进行讲解。所以，本教程没有必要把纠缠技术单独再做分门别类。

一、拿法

实践者实施擒锁技的根本目的在于控制。根据擒锁的具体作用方式，可将其分划为拧技法、折技法、缠技法与拿技法四个基本类别。

（1）拧技法，指的是实践者抓紧对手的肢体做横向的旋转，迫使其肢体运动超过正常的生理活动范围而损伤或受制。

（2）折技法，实践者反关节固定对手肢体，做纵向屈折发力，锁定或离断对手关节令其受制的缠斗技法。在持棍缠斗中，实践者既可以利用自己的甩棍也可以利用对手的甩棍来实施折技。当然，实践者还可以用自己的非持械手直接实施折技。

（3）缠技法，指的是用环绕勒扼的形式来止动对手外在行为动作或内在的生理行为。

（4）拿技法，在徒手缠斗中多指双手指尖相对的扣锁技法，最常见的代表动作就是对仰面倒地对手实施的拿颈。

从理论上讲，这四类基本擒拿法既可以单独使用，也可相互配合。但是从实际出发，基本技法间相互融合、相互配合的应用情况更常见，效果也更突出。所以，绝对地对擒拿四技某一技法专门单纯地讲解是不切合实际的做法。

二、摔法

摔法是缠斗技的重要组成部分，不但是从站立式格斗向地面格斗的过渡技法，而且使用得当也能给对手直接造成严重的伤害。对于没有太多实战经验的对手，如果实践者能够成功地运用摔技令其干净利落地失衡倒地，那么对手即使身体没有受到多大的伤害，也会在气势上或是信心上受到重挫。

持棍摔技的实施在总体上仍遵循徒手摔技的原理与规则，但其更有自身独到的一面。即，持棍摔技往往是承接于站立式擒锁之后，或是擒锁技法失效的补救，或是擒锁技得手的深入。总之，与对手照面之后就主动直接实施持棍摔技的情况并不常见。当然，突袭不在此列。还有一点就是，实践者在运用持棍摔技时，应该特别注意强化短棍在其中所起到的积极作用，不能由于持棍的原因而妨碍了摔技的实施。

从理论上讲，运用各种手段迫使对手把其重心移到其支撑面外，就能够把对手摔倒于地面。但有一点需要注意，就是由于人自身的本体感觉的原因，在失衡瞬间都会进行自动协调以维系原有的平衡状态。如果对手的身体重心的移动速度与支撑面的移动速度同步相适应，那么对手仍然可保持原来的站立式平衡。相反，如果对手的本体感觉调节功能无法立刻跟进突然的重心变化，即支撑面的移动速度不能与重心移动速度同步，那么对手失衡概率就会大大提升。

那么，怎么样才能让对手的重心移动速度与支撑面的移动速度不同步呢？这个问题的答案说起来其实很简单，就是"拳打人不知"。换话说，实践者所运用的技战术需要在对手的意识转换前完成。否则，对手一旦在身心上有了准备，就可能在实践者发力之前找到应对攻击的方法，使得实践者的攻击落空或大打折扣。这一点说起来容易做起来难，实践者的技法能否有效对手取决于对抗双方的实力水平。通常来说，陌生对手的能力往往是不为他人所知的。所以，实践者应该在自己能力水平的提高方面多下功夫。通俗地讲就是，要拿出时间进行科学训练，使得自己技艺不断提升！

摔法与拿法密不可分，拳谚即有"无拿不成摔"之说。站立格斗中的摔是地面拿的引导攻击，地面战时拿是摔的深入控制。摔拿合一的缠斗技术绝对是最为凶险的杀手技法，在具体运用之时，摔拿可以有所偏重，却不一定非得严格区分清楚不可。

缠斗技术，无论是擒拿还是摔法，其具体的实施多以主动的突袭、打缠结合及应对对手攻击的被动运用为主要形式。

出于上述多个原因，我们以实践者使用的擒拿技法所针对控制对手身体部位为划分标准，对相对综合的缠斗技法招式进行归类与讲解。

第二节 针对上肢的缠斗技

所谓针对上肢的缠斗技法，指的是实践者针对对手的手指、手腕、前臂、肘关节、上臂与肩关节一线的上肢特定部位做持续或间断的发力施压控制，令其出现局部肢体功能障碍或疼痛难忍的状态，进而被降服的技术与方法。

一、应对对手的打击

以缠斗技法应对对手的打击，多数情况下从接触防御入手来因形就势或是赋形造势地切入缠斗技法的具体实施。下面我们看经典战例。

（一）扭拧式缴械

所谓扭拧式缴械，就是实践者用自己的持械手臂、非持械手臂或短棍对对

神兵利器 截拳道概念甩棍权威教程

手的短棍及持械手进行缠绕束缚，同时施力于对手的腕关节做大幅度的螺旋转圆运动，迫使对手的持械手臂的活动超出原本的生理活动范围，令对手肢体无法维持正常生理功能，进而达到解除对手武装的目的。

扭拧式缴械，由于实践者对对手持械手控制形同蛇缠状，故也称蛇缠式缴械。此类缴械的主体技法是缠与拧，其中拧技作用更突出。扭拧式缴械最具表征性的形式是，实践者以顺、逆时针的绞臂动作即拧来实施的。

战例一

当对手持棍左劈挥击实践者左上方要害目标时，实践者用甩棍实施内格挡封住对手的短棍，同时把自己的非持械手附于对手的持械手腕之上；然后，顺势用非持械手由上向外、向下再向内缠绕拢带对手的短棍做逆时针360°旋转。这个过程中，实践者要用自己的左腋夹住对手的短棍前端来限制对手的短棍活动范围，使得对手的短棍与自己非持械手尽量同动，如此二者能够一起做为施力物体来搅动对手的持械手臂。除了用手臂缠绕束缚对手的武器外，更重要的一点就是，最后要用掌外沿抵住对手的持械手腕小指侧并同时向外、向下发力，如此才能顺利地让对手撒手扔棍（图7-2-1~图7-2-5）。

图7-2-1　　　　图7-2-2　　　　图7-2-3

图7-2-4　　　　图7-2-5

战例二

当对手持棍右劈挥击实践者右上方要害目标时,实践者用甩棍实施外格挡封住对手的短棍,同时把自己的非持械手附于对手的持械手腕之上;然后,顺势用非持械手由上向内、向下再向外缠绕拢带对手的短棍做顺时针360°旋转。最后,要用掌外沿抵住对手的持械手腕内侧并同时向内、向下发力,如此才能让对手撒手扔棍。如果对手死抓住短棍不放手,这个时候实践者可用自己甩棍的尾端与手掌外沿交汇处卡住对手棍身向前推送,把对手的短棍从其持械手中"撬"出来(图7-2-6~图7-2-11)。

图7-2-6　　　　　　图7-2-7　　　　　　图7-2-8

图7-2-9　　　　　　图7-2-10　　　　　　图7-2-11

战例三

当对手持棍右劈挥击实践者右上方要害目标时,实践者用甩棍实施外格挡封住对手的短棍,同时把自己的非持械手附于对手的持械手上面;接着顺势把甩棍从对手持械手腕下穿过少许。这里须特别注意的是,要尽量使自己甩棍与对手短棍接近并使二者处于平行状态。然后,双手配合把甩棍前端抵在对手持械手腕内侧做顺时针搅动,迫使对手最终松手弃棍(图7-2-12~图7-2-17)。

图7-2-12　　　　　　　　图7-2-13　　　　　　　　图7-2-14

图7-2-15　　　　　　　　图7-2-16　　　　　　　　图7-2-17

战例四

当对手持棍右劈挥击实践者右上方要害目标时，实践者用甩棍实施外格挡封住对手的短棍，同时把自己的非持械手附于对手的持械手上面；接着，顺势把短棍从对手持械手臂下上穿，用自己的持械手及甩棍尾端卡在对手的持械手腕外侧做顺时针绞缠，令对手放弃武器（图7-2-18~图7-2-24）。

图7-2-18　　　　图7-2-19　　　　图7-2-20　　　　图7-2-21

第七章　甩棍缠斗技术

图7-2-22 　　　　　　　　图7-2-23 　　　　　　　　图7-2-24

短棍体系的蛇缠式缴械多表现为缠控对手的短棍，最后以此来传递攻击力到对手的持棍手腕上。相比之下，在短刀的缴械中，蛇缠式缴械则多表现为缠控对手的持械手臂，最后以此来传递攻击力到对手的持刀手腕。

扭拧式缴械用于对抗直线刺击，其形式类似上面的战例。但需要指出的是，实践者对于朝向中下盘要害的直线刺击采用扭拧式缴械，更多时候需要做幅度较大的沉身下势，相对来说，难度可能大一些。从现实与效果层面上讲，初学者应对于低位下盘刺击的缴械技法当以击打模式最为适宜。

（二）拆卸式缴械

拆卸式缴械。主要是通过对对手持械手的手腕或拇指进行控制，拆分拇指与其余四指的合拢，同时对对手武器实施外在的"杠杆"力，把对手的武器从其手中"撬"出来，从而达到解除对手武装的目的。在防御短刀体系中，拆卸式缴械是徒手缴械的最主要方式；在甩棍体系中，拆卸式缴械不但适于实践者徒手缴械，而且也适用于实践者持棍缴械。拆卸式缴械骨干技术是折，不是拆！如果拧折合用，就是先拧到极限，再用折技来拆分对手的把握结构！

需要特别指出的是，本节所述的拆卸式缴械相关技法，只单纯针对实践者持棍缴械而言。相对而言，实践者持棍实施拆卸式缴械则更适合近距离或狭窄空间的格斗。

战例一

当对手持棍左劈挥击实践者左上方要害目标时，实践者用伞式格挡防御，顺势劈击对手头面并收棍于自己左腋下；同时，实践者用自己的非持械手抓紧对手持械手的拇指并牵扯对手持械手做逆时针180°以上旋转后固位，身体向内裹转，使得自己以收缩状态置身于对手短棍左侧，然后根据对抗双方形成具体的位势不同，可选择用持械手的上臂、前臂、短棍尾端与手掌外沿交汇处，或

145

棍身为发力触点向前、向外拨送对手的棍身，把对手的短棍从其手中"撬"出来（图7-2-25~图7-2-32）。

图7-2-25　　　　图7-2-26　　　　图7-2-27　　　　图7-2-28

图7-2-29　　　　图7-2-30　　　　图7-2-31　　　　图7-2-32

战例二

当对手持棍右劈挥击实践者左上方要害目标时，实践者用伞式格挡防御，顺势劈击对手头面并收棍于自己左腋下；同时，实践者用自己的非持械手抓紧对手持械手的拇指并牵扯对手持械手做逆时针180°以上旋转后固位，身体向外展转，使得自己以展放状态置身于对手短棍左侧，然后用甩棍从其棍下直刺其头面，同时附带用持棍手臂"别撬"对手的短棍，如此双管齐下，令对手撒手弃棍（图7-2-33~图7-2-37）。

图7-2-33　　　　图7-2-34　　　　图7-2-35

图7-2-36 　　　　　　　　　　图7-2-37

战例三

当对手持棍左劈挥击实践者左上方要害目标时，实践者用内向格挡防御对手，同时用非持械手抓紧对手的短棍前端，然后反手挥击把自己的甩棍放到对手的持械手腕上、短棍下，接着双手做逆时针绞动，把对手的短棍从其手中"别撬"出来（图7-2-38~图7-2-44）。

图7-2-38　　　　图7-2-39　　　　图7-2-40　　　　图7-2-41

图7-2-42 　　　　　图7-2-43 　　　　　图7-2-44

实践者也可以用内向格挡防御对手后直接收棍于自己左腋下，然后按照上述的拆卸缴械形式解除对手武装。但此刻请注意，实践者在控制对手持械手拇指并牵扯其整条手臂做逆时针旋转时，要尽量把自己置身于对手的右外侧，以防对手非持械手的反击。

战例四

当对手持棍右劈挥击实践者右上方要害目标时，实践者用逆伞式格挡防御，然后用非持械手顺势抓紧对手持械手的拇指并向上拉扯，同时，用自己的短棍尾端与持械手掌外沿交汇处用力下挂对手短棍近虎口位置，二力上下交错，把对手的短棍从其手中"别撬"出来（图7-2-45~图7-2-49）。

图7-2-45　　　　　图7-2-46　　　　　图7-2-47

图7-2-48　　　　　图7-2-49

战例五

当对手用短棍挥击实践者的右上要害时；实践者用外向格挡防御对手的攻击，然后用非持械手顺势抓紧对手的持械手的拇指向后拉直其持械手臂，同时用自己短棍近虎口处向对手体内推送其短棍，最终使得对手持械手臂与短棍以手腕内侧为顶点形成对折，从而把短棍从其手中"撬"出来（图7-2-50~图7-2-55）。

第七章　甩棍缠斗技术

图7-2-50　　　　　　　　图7-2-51　　　　　　　　图7-2-52

图7-2-53　　　　　　　　图7-2-54　　　　　　　　图7-2-55

战例六

当对手持棍左劈挥击实践者左上方要害目标时，实践者用甩棍做内向格挡；同时顺势把自己的非持械手直接从对手的棍尾内侧上穿于其手腕内侧并用手掌外沿卡住对手甩棍，然后抓住对手手腕做逆时针旋转270°以上，把对手的甩棍从其手中"撬"出来（图7-2-56~图7-2-59）。

图7-2-56　　　　图7-2-57　　　　图7-2-58　　　　图7-2-59

为了防范对手非持械手的攻击与提高拧的效果，实践者也可移步侧身置于对手右侧。当然，如果实践者觉察力敏锐且身手较好的话，也可以直接用非持械手实施此拆卸技法。

149

（三）控制或控摔

控制就是擒拿对手要害令其止动服输；控摔就是在控制对手的基础上，再通过牵拉推拨施力于对手使其整体间架发生形变、重心位置发生改变，最终脱离支持面失衡倒地。

实践者可以用甩棍与自己双手配合对对手的手臂加以固定，然后实施缠斗技法对其进一步控制，相对于徒手或用非持械手实施的拧而言，其得手过程可能复杂一些。不过，由于甩棍较肢体具有天然的优势属性，如"硬性"等，一旦得手对手很难逃脱。

战例一　拧腕

当对手持棍左劈挥击实践者左上方要害目标时，实践者用甩棍做内向格挡；然后用非持械手从对手持棍手上外侧向内下侧做逆时针蛇缠；此时，实践者把自己的甩棍从对手持械手的外下方斜穿至其内上方，再用非持械手抓紧过位于对手持械手臂上方的甩棍，用甩棍卡锁对手的持械手前臂后，对其做逆时针拧转加以控制（图7-2-60~图7-2-66）。

图7-2-60　　　　图7-2-61　　　　图7-2-62　　　　图7-2-63

图7-2-64 　　　　图7-2-65 　　　　图7-2-66

第七章　甩棍缠斗技术

后续可做摔法，左脚后撤、身体逆时针拧转、拖拽对手，即可令其失去平衡倒地。

战例二与战例三　拿腕

拿，在徒手缠斗中多指双手指尖相对的扣锁技法，代表动作就是对仰面倒地的对手实施的拿颈。在持甩棍缠斗中，由于需要对自己甩棍的控制，所以双手扣拿的形式很少出现，持棍缠斗的拿技更多的时候被赋予非持械手抓的意味。然而，抓拿是许多缠斗技法实施的前提条件，其重要性不容置疑。除了前面我们示范各类擒锁技法用到抓拿外，接下来我们再深入地示范两组抓拿动作功用相对明显的战例。

当对手持棍左劈挥击实践者左上方要害目标时，实践者用甩棍做内向格挡，同时用非持械手控制对手持械手，然后用甩棍从对手持械手外侧反手挥击其上盘要害，对手用其非持械手拍抓实践者的持械手腕来防御；此时，实践者用非持械手抓住对手短棍中间位置向前推送，置于自己甩棍尾端手心侧；接着，转动自己持械手使短棍处于竖直状态，用对手的甩棍把其非持械手锁制于实践者的持械手腕上。最后，实践者可以腾出自己的非持械手对对手实施打击（图7-2-67~图7-2-74）。

图7-2-67　　　　图7-2-68　　　　图7-2-69　　　　图7-2-70

图7-2-71　　　　图7-2-72　　　　图7-2-73　　　　图7-2-74

151

神兵利器 截拳道概念甩棍权威教程

当对手持棍右劈挥击实践者右上方要害目标时，实践者用非持械手附于对手持械手上加以控制的同时用甩棍做外格挡；然后，从对手持械手上方正手挥击其上盘要害。对手用非持械手正手或反手抓拿实践者的持棍手腕予以防御；此时，实践者用非持械手逆时针蛇缠对手的持械手腕，用持械手内挥将其非持械手左带，双手配合，用非持械手抓住对手的非持械手腕，造就以一控二的局面。最后，实践者可以腾出自己的持械手对对手实施打击（图7-2-75~图7-2-90）。

图7-2-75　　　　图7-2-76　　　　图7-2-77　　　　图7-2-78

图7-2-79　　　　图7-2-80　　　　图7-2-81　　　　图7-2-82

图7-2-83　　　　图7-2-84　　　　图7-2-85　　　　图7-2-86

第七章　甩棍缠斗技术

图7-2-87 　　　　　图7-2-88 　　　　　图7-2-89 　　　　　图7-2-90

战例四与战例五　锁控肘臂

对手持短棍直刺攻击实践者的腹部时，实践者拖带格移予以应对；然后，用类似蛇缠动作把自己的甩棍从对手持械手臂的外下位置绕过并置于其内上位置；接着，用非持械手从对手的持械手前臂上方抓住自己的甩棍，此时双手拇指相对；最后，双手持棍边逆时针旋转边向后向下拖带，把对手掀翻在地（图7-2-91~图7-2-96）。

图7-2-91　　　　　　　　图7-2-92 　　　　　　　　图7-2-93

图7-2-94 　　　　　　　　图7-2-95 　　　　　　　　图7-2-96

对手持短棍直刺攻击实践者的腹部时，实践者拖带格移予以应对；然后，用类似蛇缠动作把自己的甩棍从对手持械手臂的外下位置绕过并置于其内上位置；接着，用非持械手从对手的持械手前臂上方抓住自己的甩棍，此时双手拇指相对；最后，双手持棍边顺时针旋转边向后向上拖带，把对手掀翻在地（图7-2-97~图7-2-103）。

图7-2-97　　　　　图7-2-98　　　　　图7-2-99　　　　　图7-2-100

图7-2-101　　　　　　图7-2-102　　　　　　图7-2-103

战例六与战例七　控肘

当对手用短棍直刺实践者中线要害时，实践者用甩棍格移对手的攻击，同时用非持械手抓住对手的短棍；然后，顺势对对手头面做正手横向挥击；接着，持棍手内挥，趁机把对手的短棍夹于自己右腋下，把对手持械手臂拉直并将其肘关节反置于自己甩棍之上，双手合力上抬甩棍反关节对其肘部施力，令其肘关节受制（图7-2-104~图7-2-108）。

图7-2-104　　　　　　图7-2-105　　　　　　图7-2-106

图7-2-107　　　　　　　　　　　图7-2-108

当对手持棍左劈挥击实践者左上方要害目标时；实践者格挡防御对手后，置身于对手身体左外侧；用非持械手从对手持械手臂内侧过其下外穿至外上侧，然后把甩棍置于对手被拉直的持械手臂肘关节上面，用非持械手抓住甩棍前端；双手合力向下做反关节压制，令对手持械手受制（图7-2-109~图7-2-114）。

图7-2-109　　　　　　　　图7-2-110　　　　　　　　图7-2-111

图7-2-112　　　　　　　　图7-2-113　　　　　　　　图7-2-114

战例八与战例九　　别肘控肩

当对手持棍左劈挥击实践者左上方要害目标时，实践者用甩棍做内向格挡，用自己的非持械手控制对手持械手并逆时针向其外后侧别折其整条手臂；

155

同时，用甩棍从其持械手臂肘下反手上穿刺其面；然后，回臂勾住对手肘关节外侧，用自己的甩棍尾端卡住对手短棍尾端用力外折，进而达到完全锁制对手的目的（图7-2-115~图7-2-119）。

图7-2-115　　　　　　　图7-2-116　　　　　　　图7-2-117

图7-2-118　　　　　　　图7-2-119

当对手持棍右劈挥击实践者右上方要害目标时，实践者用甩棍做外向格挡，顺势回击对手头面；然后，借机用非持械手抓住对手短棍近拇指处顺时针转动，使其短棍反背于肩上；接着，用自己的棍尾卡住对手突出于肩头的短棍前端并向下别折，令其俯身受制（图7-2-120~图7-2-126）。

图7-2-120　　　　　　　图7-2-121　　　　　　　图7-2-122

图7-2-123 　　　　　图7-2-124 　　　　　图7-2-125 　　　　　图7-2-126

二、应对对手的缠抓

当对手施用纠缠之术，如对实践者肢体进行抓拿或对实践者的甩棍进行抢夺时，实践者以相应的打斗或缠斗技法予以应对。需要说明的是，任何一种反击纠缠的方法都有其适用性与局限性。实践者在具体的施用过程中，须根据现实的处境进行应机而动。这里我们以对手对实践者实施抓拿的部位不同来择例进行示范讲解。

（一）破解抓胸

此类战例主要示范实践者应对对手正面的单手或双手抓胸，或扼喉控制的反纠缠技法。其内容相当丰富，包括以打破缠斗的技法、以缠对缠的反拿技法和打拿结合应对技法。

如果实践者武器在手，当对手采用抓胸的方式来进行胁迫时，实践者只需用甩棍就近攻击对手的肢体，或是重击对手的薄弱要害即能脱危解困。诸如此类单纯用打击方式破解纠缠的战例本节予以省略，相关内容我们会在实战应用指南章节中加以演示。这里，我们着重示范用甩棍的缠斗技术来应对对手的缠斗攻击。

战例一

当对手右手抓住实践者前胸欲图威胁时，实践者双手分握甩棍两端从对手实施抓拿的手臂上方开始向下、向前砸推其肘关节处令其松手；接着，实践者借机用甩棍的右端贴着对手右肋挑其右臂上穿；然后，腾出右手握住从对手的右臂上方已经穿插而出的自己的甩棍右端，用力向后、向下按，将其别入自己的左腋下；同时，实践者右手持棍向前推送对手的右前臂外侧，锁卡对手的右前臂；实践者左臂向内用力回收，即能对对手的右前臂内侧施压，最终制服对手（图7-2-127~图7-2-136）。

神兵利器 截拳道概念甩棍权威教程

图7-2-127　　图7-2-128　　图7-2-129　　图7-2-130　　图7-2-131

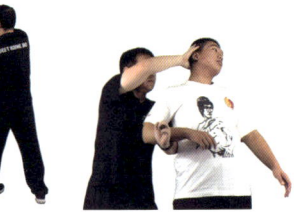

图7-2-132　　图7-2-133　　图7-2-134　　图7-2-135　　图7-2-136

战例二

当对手以右手抓住实践者前胸欲图威胁时，实践者双手分握甩棍两端，从对手实施抓拿的手臂上方开始向下、向前砸推其肘关节处令其松手；接着，实践者借机用甩棍的右端贴着对手右肋挑其右臂上穿；然后，腾出右手握住从对手的右臂上方已经穿插而出的自己的甩棍右端，用力向后、向下按，将其别入自己左腋下；同时，实践者右手持棍向对手背后推送其右前臂外侧令其背膀，锁卡住对手的右肘关节。最后，实践者左臂上撬对手左前臂对其肩肘施压，制服对手（图7-2-137~图7-2-146）。

图7-2-137　　图7-2-138　　图7-2-139　　图7-2-140　　图7-2-141

图7-2-142　　　　图7-2-143　　　　图7-2-144　　　　图7-2-145　　　　图7-2-146

战例三

当对手以右手抓住实践者前胸欲图威胁时，实践者双手分握甩棍两端，从对手实施抓拿的手臂上方开始向下、向前砸推其肘关节处令其松手；接着，实践者借机用甩棍的右端贴着对手右肋挑其右臂上穿；然后，腾出右手握住从对手的右臂上方已经穿插而出的自己的甩棍右端，用力向前、向下按；同时，实践者右手持棍向对手背后推送其右前臂外侧令其背膀，锁卡住对手的右肘关节。最后，实践者左手持甩棍一端上撬对手的左前臂，右手持甩棍的另一端对其上臂后侧向下施压，制服对手（图7-2-147~图7-2-155）。

图7-2-147　　　　图7-2-148　　　　图7-2-149　　　　图7-2-150　　　　图7-2-151

图7-2-152　　　　图7-2-153　　　　图7-2-154　　　　图7-2-155

战例四

当对手以右手抓住实践者前胸欲图威胁时，实践者双手分握甩棍两端从对手实施抓拿的手臂上方开始向下、向后砸拉其肘关节，令对手身体前倾；用自己身躯与甩棍把对手的攻击手的前臂控制起来；接下来，左手松开甩棍从对手右手腋下穿过，对其左手进行折拿控制，同时用左腋固定住自己的甩棍首端（图7-2-156~图7-2-163）。

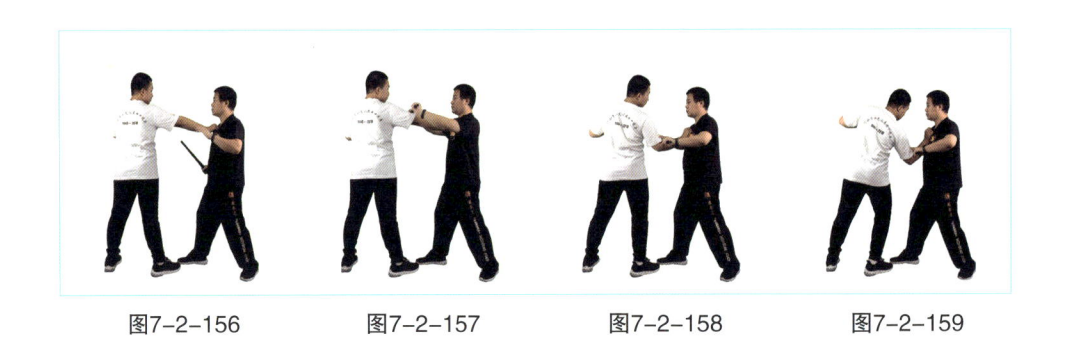

图7-2-156　　　　图7-2-157　　　　图7-2-158　　　　图7-2-159

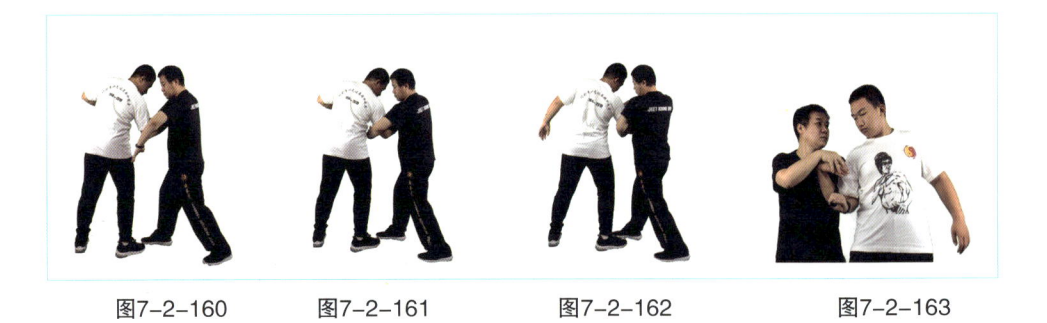

图7-2-160　　　　图7-2-161　　　　图7-2-162　　　　图7-2-163

战例五

当对手以右手抓住实践者前胸欲图威胁时，实践者双手分握甩棍两端从对手实施抓拿的手臂上方开始向下、向后砸拉其肘关节，令对手身体前倾；用自己身躯与甩棍把对手的攻击手的前臂控制起来；接下来，左手松开甩棍从对手右手腋下穿过，与右手换把持握甩棍的手柄，同时用左腋固定甩棍的首端，右手则抓控对手的右手腕关节；实践者右手边顺时针拧转对手手腕边拉直其右臂后捋，同时身向前撞，如此，反关节控制住对手的右臂（图7-2-164~图7-2-171）。

第七章　甩棍缠斗技术

图7-2-164 　　　图7-2-165 　　　图7-2-166 　　　图7-2-167

图7-2-168 　　　图7-2-169 　　　图7-2-170 　　　图7-2-171

（二）破解抓腕或抓棍

战例一

当对手用右手抓住实践者甩棍中节时，实践者可以用左手从对手的右臂外侧抓住甩棍首端；左手回拉使得甩棍首端高于对手的手腕，然后，从对手右臂外侧用甩棍首节对其向内施压，最终把甩棍从对手的抓握中撬出来。一旦解脱对手的束缚，实践者可借势对对手进行打击或缠控（图7-2-172~图7-2-177）。

图7-2-172 　　　　　　图7-2-173 　　　　　　图7-2-174

161

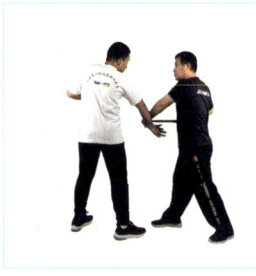

神兵利器 截拳道概念甩棍权威教程

图7-2-175 　　　　　　　　图7-2-176 　　　　　　　　图7-2-177

战例二

当对手用右手抓住实践者甩棍中节时，实践者可用左手从对手的右臂内侧抓住甩棍首端；双手做差值180°的后立圆，即左手后拉、右手前送，同时整身后移，最终把甩棍从对手手中拖拽出来。一旦解脱对手的束缚，实践者可借势对对手进行打击或缠控（图7-2-178~图7-2-182）。

图7-2-178 　　　　　　　　图7-2-179 　　　　　　　　图7-2-180

图7-2-181 　　　　　　　　图7-2-182

战例三

当对手用右手抓住实践者持棍手腕时，实践者持棍手向上、向右做横向圆弧轨迹运动，与此同时，用甩棍尾端与持握手腕外侧结合处卡住对手右手的手腕外侧，当实践者的甩棍手柄未握部位完全抵压在对手右手手背之上时，即向后、向下拖带，最终令对手手背疼痛而被制服（图7-2-183~图7-2-188）。

图7-2-183　　　　　　　　图7-2-184　　　　　　　　图7-2-185

图7-2-186　　　　　　　　图7-2-187　　　　　　　　图7-2-188

战例四

当对手用右手抓住实践者持棍手腕时，实践者持棍手向上、向右做横向圆弧轨迹运动，与此同时，甩棍首节与中节过位于对手的右手手腕之上；实践者左手从对手的右臂下向右上穿插握住甩棍的首节，接下来，双手用力向内合抱，把对手的右手卡死并后拉，把对手拖倒（图7-2-189~图7-2-193）。

图7-2-189　　图7-2-190　　图7-2-191　　图7-2-192　　图7-2-193

神兵利器 截拳道概念甩棍权威教程

战例五

当对手用左手抓住实践者持棍手腕时，实践者持棍手向上、向左做横向圆弧轨迹运动，与此同时，用甩棍尾端与持握手腕外侧结合处卡住对手左手的手腕外侧；当实践者的甩棍手柄未握部位完全抵压在对手左手手背之上时，即向后、向下拖带，最终令对手手背疼痛而被制服（图7-2-194~图7-2-198）。

图7-2-194　　　　　　　图7-2-195　　　　　　　图7-2-196

图7-2-197　　　　　　　图7-2-198

战例六

当对手用左手抓住实践者持棍手腕时，实践者持棍手向上、向左做横向圆弧轨迹运动，与此同时，甩棍首节与中节过位于对手的左手手腕之上；实践者左手住甩棍的首节，接下来双手用力向内合抱，把对手的右手卡死并后拉，把对手拖倒（图7-2-199~图7-2-205）。

图7-2-199　　　　图7-2-200　　　　图7-2-201　　　　图7-2-202

164

图7-2-203 　　　　　　　　图7-2-204 　　　　　　　　图7-2-205

第三节　针对颈部的缠斗技

颈部作为重要的人体攻击目标，其整个构造组成都是非常脆弱的，颈前面是咽喉区域，两侧有颈动脉分布，后侧是覆着浅薄皮肉的颈椎骨，其上接头部下连胸椎，这些部位一经受到伤害——打击或是窒息性控制，结果往往十分严重，甚至可能造成死亡。所以，在防身自卫中或是在执法过程中，实践者应该谨慎使用对对手颈部的攻击；同时，在有陪练参与的训练中，也需要在缠控的具体环节中做到动作的"轻"与"慢"，以防意外事故发生。

对于颈部的缠斗控制技术，以缠技为主体。所谓缠技，第一节中我们已经讲过，指的是用环绕勒扼的形式来止动对手外在行为动作或内在的生理行为。前面讲到的蛇缠式缴械就是典型的缠技，只不过蛇缠更专注于对对手的持械手的控制，目的在于实现解除对手的武装。本节将对缠技做进一步讲解，讨论缠技在锁控对手颈部的应用。

实践者持甩棍对对手颈部的缠斗施用，更多时候是采用突然袭击的形式，目的在于快速拿住对手进行控制。另外，实践者可以从对对手的拿臂控制中造势或借势转换到对其颈部的深入控制中。在打斗过程中，实践者也可以把对对手颈部的缠斗技有机地结合到打法当中。不过有人认为，能够残肢杀手就无需袭用此类杀伤力致命的技术了。但是话又说回来，重创对手的肢体之后或是缴械对手后则更容易接继实施此类深入的缠斗技术，如果可以或允许，实践者不妨放手一试。

一、突袭运用

把缠技不加掩饰地做为主动攻击技法首发对手，战术中以突袭最为常见，背后的偷袭则是其中最易得手的形式。实践者一旦从对手背后用甩棍缠勒控制住其颈部，则很少有对手能够在中招后做到绝地反击。下面我们罗列一些背后偷袭

神兵利器 截拳道概念甩棍权威教程

用甩棍实施缠控对手颈部的具体形式。

战例一　基本模式

实践者在对手不备的情况下，从其背后快速接近；右手持棍由对手右肩侧起从其颌下咽前向左侧插入，至甩棍首端于其左肩上止；左手顺势从对手左肩头握住自己甩棍的首端；双手合力内收，同时右腿横于对手身后，接下来，身体左转后扯甩棍令对手受制或失衡。本题战例仅以左手心向下形式做示范（图7-3-1~图7-3-4）。

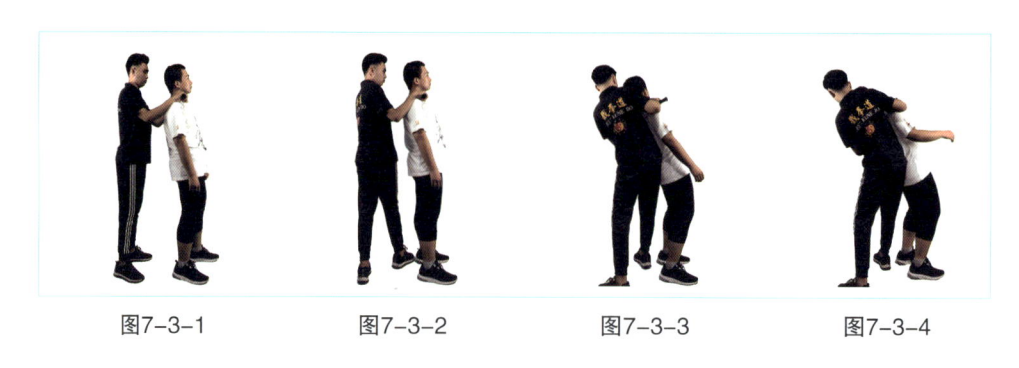

图7-3-1　　　　图7-3-2　　　　图7-3-3　　　　图7-3-4

左手握棍的把位有两种，一是手心向下，二是手心向上；右手握棍的把位也有两种，即手心向下与手心向上，左右把位排列组合成四种形式（图7-3-5~图7-3-8）所示。

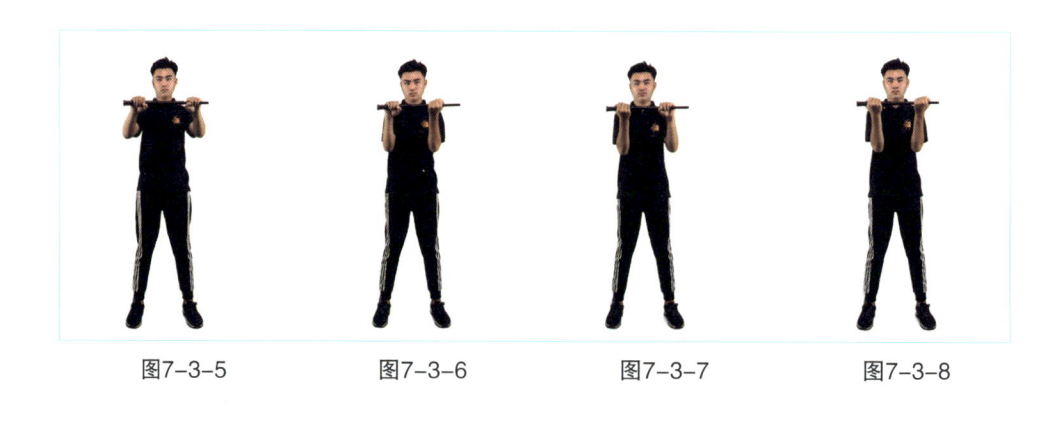

图7-3-5　　　　图7-3-6　　　　图7-3-7　　　　图7-3-8

在实施背后勒颈的时候，实践者也可以用左手持棍来启动，其具体动作参照本例示范，唯左右互换即可。

第七章　甩棍缠斗技术

战例二　顶膝勒颈

一旦实践者从对手背后用甩棍勒住其脖颈，便可以边向后、向下压拽，边提膝（左膝、右膝均可）撞击对手腰背，上下合力把对手掀翻在地（图7-3-9、图7-3-10）。

图7-3-9　　　　图7-3-10

战例三　背后X型锁制

在对手不备的情况下，实践者从其背后快速接近；右手持棍由对手左肩侧起从其颌下咽前向右侧插入，至甩棍首端于其右肩上止；左手顺势从对手右肩上握住自己甩棍的首端；双手合力内收，整身后移或做顶膝，令对手受制或失衡（图7-3-11~图7-3-13）。

图7-3-11　　图7-3-12　　图7-3-13

在实施背后X型锁制的时候，实践者双臂交错的位势，一般以左臂在上、右臂在下最为常见。如果实践者右手正握棍，其把位是手心向上的，左手握棍的把位有两种形式，一是手心向上，二是手心向下（图7-3-14、图7-3-15）；如果实践者右手反握棍，其把位是手心向下的，左手握棍的把位形式仍有手心向上和向下两种形式（图7-3-16、图7-3-17）。

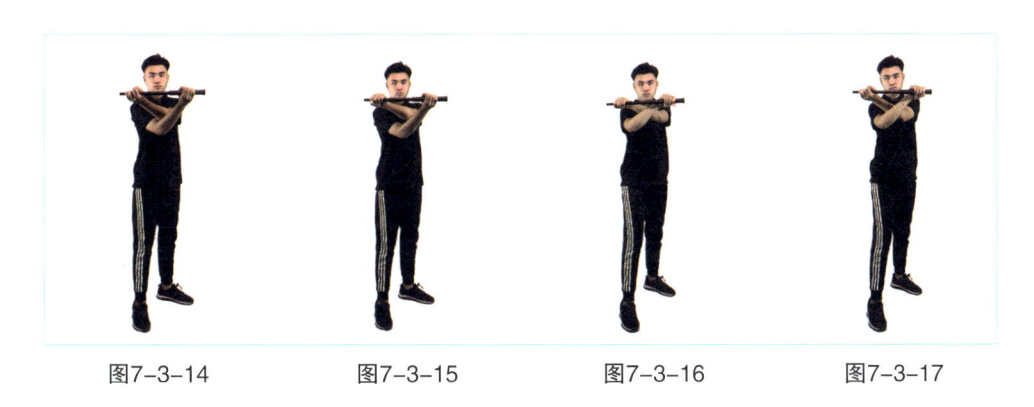

图7-3-14　　　图7-3-15　　　图7-3-16　　　图7-3-17

在实施背后X型锁制的时候，实践者也可以用左手持棍来启动，其具体动作参照本例示范，唯左右互换即可。

甩棍的X型锁制，如果时机捕捉恰当，也可以从对手面前加以实施，如图7-3-18所示。

战例四　侧身X形锁制

此战例是战例三的深入与延展。

当实践者从对手后背以左臂在上、右臂在下，左手手心向下、右手手心向上的X形锁缠控制住对手的颈部时，身向右转同时双臂合力把对手的头颈拧向右侧进行锁缠控制（图7-3-19）。之后，实践者也可以把右手端甩棍置于左腋下，用单臂的三角锁最终完成对对手的控制（图7-3-20）。

图7-3-18

图7-3-19　　　　图7-3-20

战例五　贴身缠绞

（1）在对手不备的情况下，实践者从其背后快速接近；右手持甩棍控对手右侧肩臂抱于其胸前，甩棍首端置于对手左侧颈前肩上；左臂屈肘卡住甩棍的首端，与此同时，左手从对手脑后反手扒住其颈部右侧；右手用力内收甩棍，左手用力外拨对方颈部，如此用甩棍与手臂将对手的颈部卡控并锁死（图7-3-21~图7-3-24）。

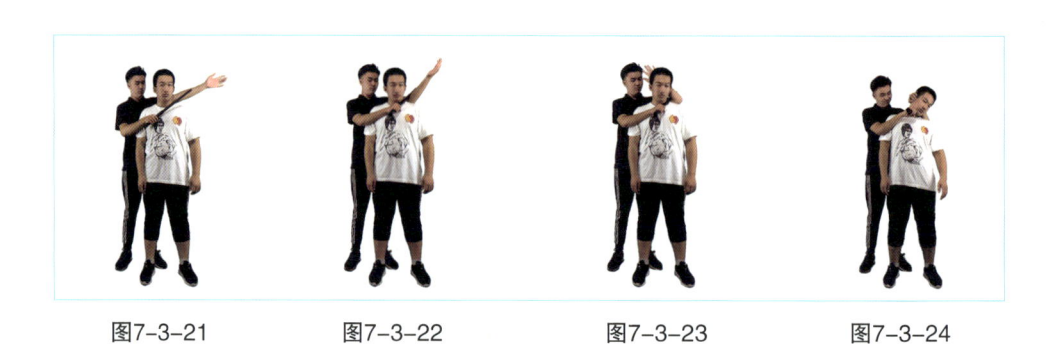

图7-3-21　　图7-3-22　　图7-3-23　　图7-3-24

本例的着力点在对手颈部左侧，本技术的本质是把甩棍用于"裸绞"技术中。

（2）在对手不备的情况下，实践者从其背后快速接近；以基本模式控制住对手颈部后，实践者贴身向前以胸抵住对手的后背；如果实践者与对手个头相仿，可以把右手甩棍首端抵在自己脖子右侧，同时用腾出的左手抓控对手的左臂，如此，实践者双臂向外施力，令对手窒息（图7-3-25）。

（3）如果实践者个头高出对手，则可以把右手甩棍首端抵夹在自己右腋下，仍用腾出的左手抓控对手的左臂，双臂向外施力，令对手窒息（图7-3-26）。

图7-3-25

图7-3-26

二、打缠并用

固然偷袭是实施缠颈技法绝佳战术，但是更多的缠技并非在对抗的一开始就不加掩饰地做为主动攻击技法首发对手，因形就势地用作后续攻击或承接反击则是其常规又常见的应用策略与形式。

战例一

当对手持棍挥击实践者左上要害时，实践者防御后可置身于对手身体外侧，即持械手臂左侧，反手挥击对手颈部左侧；随即，把甩棍横亘于对手的左肩上，上步进身于其左后侧，用自己颈部左侧抵住甩棍的前端，同时左手从对手的脑后绕其颈至其左前换把，如此形成了以棍身为主要接触施力部位的缠颈；然后，非持械手用力后拉，对对手的颈前侧与左侧施压。换把后，实践者可直接用右手控制对手的持械手臂，进一步强化对对手的控制（图7-3-27~图7-3-33）。

图7-3-27　　　　　图7-3-28　　　　　图7-3-29

169

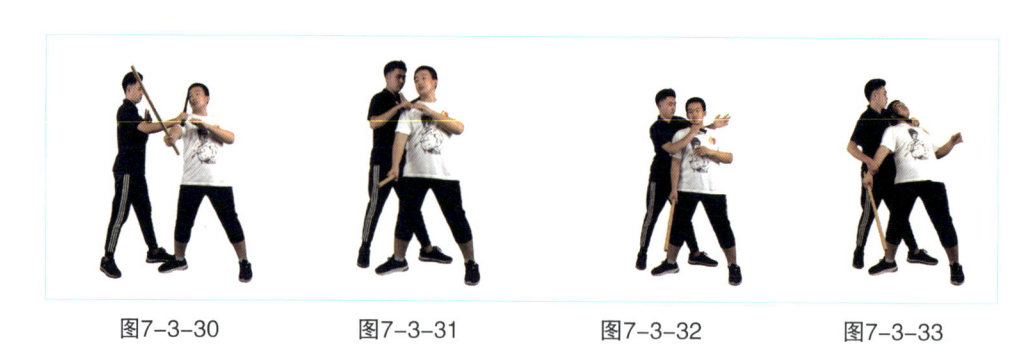

神兵利器 截拳道概念甩棍权威教程

图7-3-30　　　　图7-3-31　　　　图7-3-32　　　　图7-3-33

战例二

当对手持棍挥击实践者左上要害时，实践者可在外格挡后直接正手挥击对手颈部左侧，然后，把甩棍横亘于对手左肩上，移身至对手身体右后侧，用非持械手抓住自己甩棍的前端，形成对对手颈部的围绞；最后，双手收缩用力阻断对手的颈左侧血液正常流动，制服对手。当然条件允许的情况下，实践者也可置身于对手身后，用甩棍直接接触对手的正面咽喉来控制对手（图7-3-34~图7-3-40）。

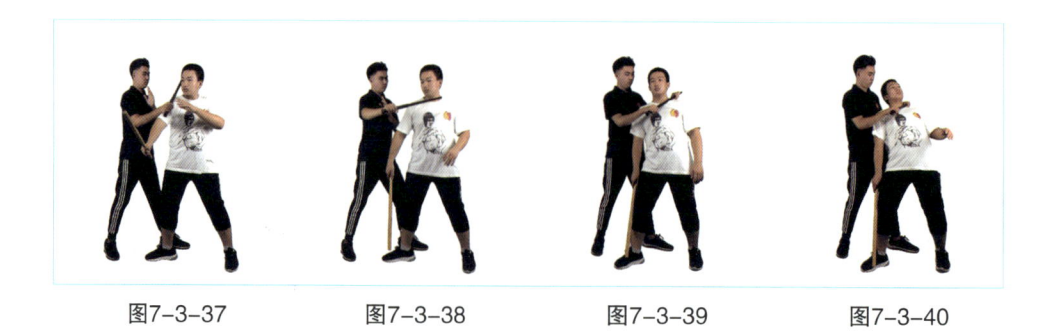

图7-3-34　　　　　　　　图7-3-35　　　　　　　　图7-3-36

图7-3-37　　　　图7-3-38　　　　图7-3-39　　　　图7-3-40

第四节　针对躯干的缠斗技

人体躯干相对头颈和四肢而言，极具稳固性与抗击打性，实践者用甩棍对躯干施以缠斗之术，主要是利用甩棍的物理特性——硬度与长度，来对对手大部位进行扼勒，继而破坏对手重心，放倒对手。与甩棍针对头颈和四肢的缠斗技术比较，甩棍单纯针对躯干的缠斗技术内容不多。

战例一　压肩

对手持棍反手攻击实践者头面要害时，实践者右扫拢后直接上步进身，双手握棍对其右肩锁骨位置向下施压，令对手瞬间蹲坐于地面（图7-4-1~图7-4-6）。

图7-4-1　　　　　　图7-4-2　　　　　　图7-4-3

图7-4-4　　　　　　图7-4-5　　　　　　图7-4-6

战例二　扼肋

对手持棍正手攻击实践者头面要害时，实践者左扫拢后反攻对手中盘右侧腰肋，挥棍到其身前，上步进身用右肩扛住其右腋，同时甩棍穿过其左腋下，左手握住甩棍的首端，双手用力内收，用棍身勒压对手的左肋部位（图7-4-7~图7-4-12）。

171

神兵利器　截拳道概念甩棍权威教程

图7-4-7　　　　　　　　图7-4-8　　　　　　　　图7-4-9

图7-4-10　　　　　　　图7-4-11　　　　　　　图7-4-12

第五节　针对下肢的缠斗技

下肢包括骨盆、大腿、膝关节、小腿、踝关节及脚，下肢的基本功用在于支撑身体、维持平衡。对下肢的攻击除了伤害肢体外，最显见的就是令对手失衡倒地。本节主要介绍针对下肢的甩棍缠斗技法的基本模式。

模式一　锁小腿

对方以腿法攻击实践者，实践者非持械手臂屈肘接对方腿，然后左手握住甩棍的首端，把甩棍锁压于对手小腿之上，接下来，身体向内翻转把对手掀翻在地（图7-5-1~图7-5-4）。

图7-5-1　　　　　图7-5-2　　　　　图7-5-3　　　　　图7-5-4

模式二　压骨盆

实践者从对手的大腿后面沿内侧把甩棍上插过位到其大腿前上方骨盆处，非持械手从大腿前上方握住甩棍的首端；接下来，下位手向上掀、上位手下压，把对手放倒在地（图7-5-5、图7-5-6）。

图7-5-5　　　　　图7-5-6

模式三　别大腿

实践者用左脚踩住对手的右脚面不放，把甩棍插入对手两大腿间，然后右手持甩棍向内横推把对手别倒（图7-5-7~图7-5-10）。

图7-5-7　　　图7-5-8　　　图7-5-9　　　图7-5-10

模式四　锁膝弯

与对手缠抱僵持过程中，实践者突然沉身把甩棍置于对手膝关节后面，双手分别握甩棍两端，锁定对手膝弯，同时身体前撞令对手失衡（图7-5-11~图7-5-14）。

图7-5-11　　　图7-5-12　　　图7-5-13　　　图7-5-14

模式五　定脚踝

这个模式主要用于背后突袭。实践者从背后快速接近对手，把甩棍快速置于其双腿下方脚踝处，左手握于甩棍首端；双手合力回拉，同时用肩前撞对手的臀部，令其前倒（图7-5-15~图7-5-17）。

图7-5-15　　　　　　　图7-5-16　　　　　　　图7-5-17

第六节　持棍摔法细解

就持棍缠斗角度出发，我们从下面几个方面来讲解摔技的具体运用与实施。

一、破坏支撑与重心的对应关系

固定对手的支撑面或支撑点，迫使对手向侧面或身后移动令其重心超出原来的支撑面而摔倒。

在第五节当中，后两个模式都属于此类摔法。不过我们要着重讲解的是一些支撑底基并非一动不动的情形，即对手可能在身体向侧面或身后移动，重心超出原来的支撑面时进行调整的情况。我们的目的就是想方设法限制对方调整，令对手失衡。

（1）当对手的持棍手腕被实践者用拧技锁卡住时，实践者用右脚尽量从对手外侧抵住其右脚限制其脚下的活动，然后，身体由右向左逆时针外转，牵扯对手持棍手臂向其外后，迫使其重心外置于己支撑面外，把对手摔拿在地（图7-6-1~图7-6-3）。

图7-6-1　　　　　　　　　图7-6-2　　　　　　　　　图7-6-3

（2）当实践者用甩棍反关节折压对手持棍手或非持械手肘关节得手时，可以突然向后倒退一步，同时矮身向下拖带对手的持械手，迫使其重心快速前折置于其支撑面外而倒地（图7-6-4~图7-6-6）。

图7-6-4　　　　　　　　　图7-6-5　　　　　　　　　图7-6-6

这两个战例都是在擒锁得手后实施摔技的。之所以这样做，原因就是对手为了缓解被拿后的疼痛，本能地用身躯形变来迁就疼痛的肢体。这种情况下，只要继续实施目的明确的外力，对手的重心势必会随着躯体的运动而移动到支撑面外，在其双脚没有及时调整支撑面与重心对应关系的情形下，受迫失衡在所难免。

（3）当实践者防御对手对自己左上要害的攻防，从对手持棍手臂下反手挥击右侧中盘要害时，右手持棍上挑棍身穿于对手持棍手臂腋下；管住对手的前脚，非持械手向外、向下、向内牵扯对手的持棍手令其合腋，与此同时，持棍手外翻，用甩棍别压对手的持棍手上臂与其右侧腰背，使其重心向其外后侧突出，落在支撑面外而摔倒在地（图7-6-7~图7-6-11）。

神兵利器 截拳道概念甩棍权威教程

图7-6-7　　　　　　　　　图7-6-8　　　　　　　　　图7-6-9

图7-6-10　　　　　　　　　　　图7-6-11

　　这里，我们再明确一个相关摔技的细节，就是当实践者把对手向其前后、左右方向牵扯令其重心落于支撑面外的时候，相对来说，以向前牵扯最为低效。这是因为人们习惯了正面行动，对自己前面的事物反应敏捷，应变能力突出。基于这个缘由，我们在具体实施摔技时，应该尽量应合实际的情形把对手向其后或侧面拖拽牵扯，如此较容易使得对手失衡倒地。但话又说回来了，如果在现实的格斗中，实践者需要在对手正面得手，那么如何才能轻而易举地把其重心置于支撑面外呢？除了管制对手的足下运动，限制其支撑面的调整外，实践者具体的施力方向也是一个相当关键的因素，即单纯的向前或向下直线拖拽效果远不如向前且向下合一的弧线拖拽的效果。

　　不可否认，如果实践者在对手体侧或身后得手控制住其颈部，则可轻易通过向对手体侧或身后拉拽的形式使其失衡倒地。

176

二、竖直迫压致倒

通过竖直向下迫压对手近水平的身体框架面结构的形式，令对手屈膝跌坐于地面。

实践者双手持棍两端，用棍身对对手肩头或大腿面突然实施持续向下的大力按压，令对手疼痛难忍不能及时调整支撑面，只能通过屈膝沉身的形式来减缓剧痛。当对手臀部落于膝关节下方而实践者压力不减的的时候，其支撑面相对减小，重心势必落于其外。如此，对手只能接受臀部着地的现实。请大家注意，迫压致倒正是充分利用了甩棍自身的坚硬这一特性，如果单纯用肢体去按压对手肩或大腿面，效果就有可能会出现折扣。

比较来说，从对手侧面对对手肩平面实施迫压要比从其正面对其支撑足大腿面的迫压更具优势。就安全性而言，置身于对手攻击手臂外做侧面攻击要好于正面攻击；从得手效率而言，肩面要比大腿面位"平"且高，这样使得甩棍容易落实便于向下做持续发力。另外，把甩棍置于对手肩胛骨上发力要比放在肌肉丰满的大腿上发力产生的疼痛强烈得多。

此类的典型战例就是第四节的压肩，这里不再重复示范。

三、中、下盘攻击

通过对对手中、下盘攻击，令其支承面与重心发生交错而倒地。

当对手用甩棍攻击实践者中、下盘要害的时候，实践者只须侧身至于对手持棍手臂外侧，把自己的甩棍从对手持棍手臂之下穿插至其腹前或是双腿前面；然后，上步欺身至对手侧后方，用非持械手抓住自己甩棍的前端，如此对对手躯干或下肢形成合拢捆绑，通过抱摔令其失衡倒地（图7-6-12~图7-6-17）。

| 图7-6-12 | 图7-6-13 | 图7-6-14 |

神兵利器 截拳道概念甩棍权威教程

图7-6-15　　　　　　　图7-6-16 　　　　　　　图7-6-17

　　本案例类似于第四节中的扼肋，只不过并非以对手肋骨做为施压触点。另外，第五节中的模式三也属于此类范例。

　　实践者想摔倒对手攻击其中、下盘的时候，还需注意对其重心加以固定，以防对手通过身体形架的变换来协调重心与支撑面的对应。当然，如果自身的攻击相当快捷，对手可能还没有任何觉察就已经倒地了。另外，如果条件许可实践者可实施双相力，即用一个力来破坏对手的重心，用另外一个力来破坏其支撑面，这样更容易摔倒对手。

　　从实施摔技的着手控制对手肢体部位来说，我们大体上定位于8个位置。从对手持棍手腕开始，按顺时针顺序依次是肘关节、腋下、肩、颈、肋下（腰腹）、裆（大腿）、膝与小腿（踝关节）。以此，权且做为对持棍摔技的一个总结。

第七节　地面缠斗技

　　把对手摔倒在地，并非就意味着防身自卫的终止与最终胜利。在对手失衡之后，实践者或者迅速脱身而退；或者进一步采取相应的技战术跟进来深入消弱对手最终的攻击能力，这样趁势追击尽量减少给对手防反的机会，防止格斗趋向为对手一方逆转。

　　无论是与徒手格斗比较，还是与持刀对搏比较，持棍对倒地对手进行攻击自有其独特的一面。实践者把甩棍作为攻击的主体武器，在攻击距离上要比徒手或短刀攻击距离远一些。另外，甩棍的本身长度也限定了实践者在近身搏击时运用甩棍灵巧性远不及徒手或短刀运用的灵巧性。不过，实践者一旦利用甩棍把对手肢体或武器擒锁得手，一般情况下不会因为劲力不足导致对手逃脱。当然，这是充分利用了质地坚硬这一甩棍本身的固有属性而获得的。

一、跟进攻击

综合甩棍在具体实践运用的优劣点，实践者持棍把对手摔倒在地后可以采取两种相应的措施进行深入跟进攻击。

（1）实践者控制距离，自身站立直接用打击技法重创对手的踝骨、胫骨、膝关节、手臂、肘关节、锁骨、头面、后脑等要害部位。这是我们所最提倡的跟进攻击方式。这种情况下，如果能够重创到对手的下肢关节，对手站立起来的可能性在短时间内无法实现；如果重创到对手的上肢要害，无疑直接终结了其攻防能力；如果能够打到对手的头面要害，那么就更有可能结束战斗。此时，实践者对倒地后的对手进行攻击，实践者应该与对手相互分离，不要发生与其纠缠现象。通常来说，实践者多采用屈膝或跪膝降低身架的形式来实施攻击。如此，既不会与对手纠缠到一起，降低了对手反击得手的机率；又能够弥补实践者攻击对手时的空间距离差。请大家不要忘记，对抗双方相互纠缠时，实际上是双方的同时得手（这种情况下，致胜的关键在于哪一方能够做到抢先发力）。所以，如果实践者不与倒地对手相互撕扯在一起，那么提供给对手得手的机会就会大大减少；这样一来，实践者则会占尽优势，势同"我为刀俎，人为鱼肉"。

（2）在对手倒地时，即在其失衡失势的瞬间，实践者仍需对其相应的肢体做限制束缚；当对手倒地后，实践者则在这个"束缚"的前提下，顺势再做地面上的擒锁技，最终降服对手。从实际出发，对倒地后对手实施擒锁技当以对手的"纤细"肢体或肢体的"纤细"部位为着重控制对象，比如手臂、腿、腕与颈部等相关位置或部位。不可否认，实践者如是从摔法倒地到地面控制的一系列动作仍需做到势间流畅衔接，即顺势的承前启后。

二、实践者处于上位与对手互撕对峙的战例

实践者居于上位骑坐于倒地的对手身上，双手持握甩棍两端欲用棍身扼压对手咽喉，此时，对手双手上抬抓住甩棍与实践者做上下对抗。这种情况下，实践者可以把水平的甩棍翻转成竖直位势向下直刺对手咽喉（图7-7-1~图7-7-4）。

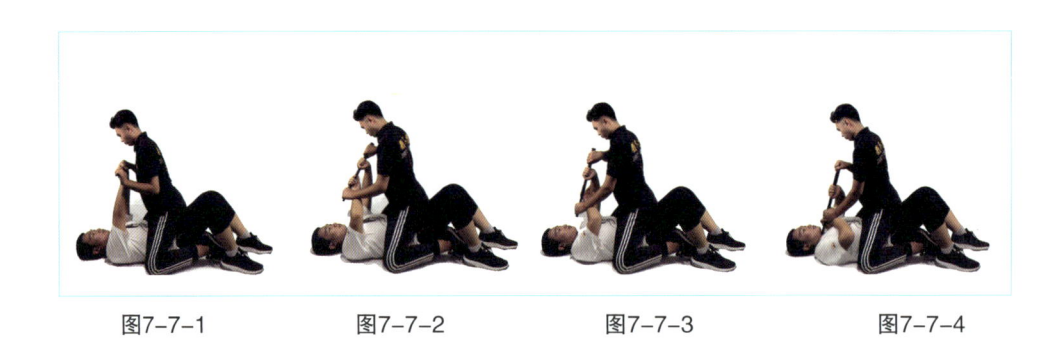

神兵利器 截拳道概念甩棍权威教程

图7-7-1　　　图7-7-2　　　图7-7-3　　　图7-7-4

这种情况下，实践者也可以向前发力，把对手双手拳面关节过其头面直接砸压在地面之上，令其松手，然后顺势将甩棍扼压于对手颈部咽喉部位（图7-7-5~图7-7-9）。

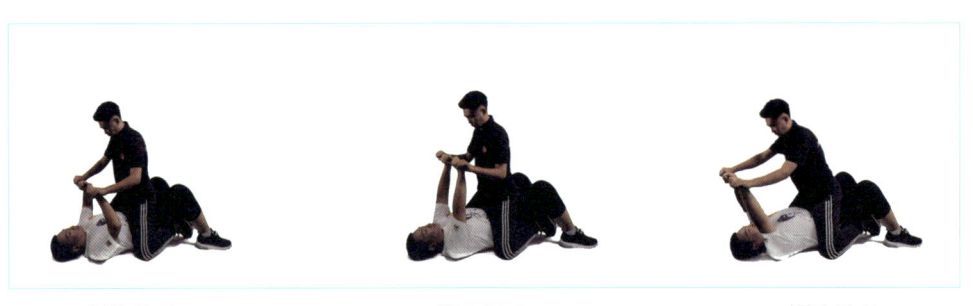

图7-7-5　　　　　图7-7-6　　　　　图7-7-7

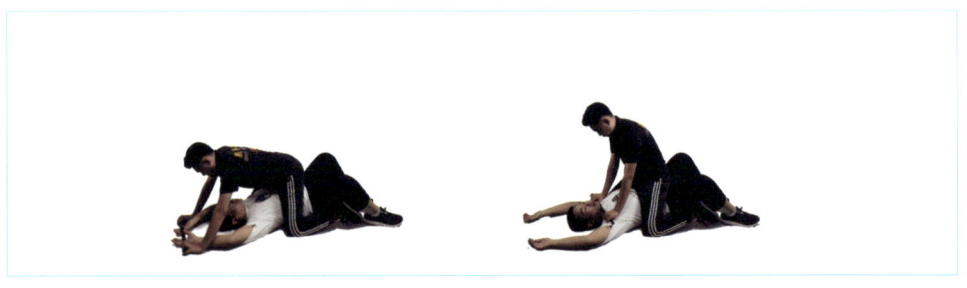

图7-7-8　　　　　图7-7-9

三、实践者处于下位劣势的战例

实践者如果在地面缠斗中处于劣势，特别是处于下位劣势时，则更需要借助甩棍这一武器来摆脱困境。

战例一

实践者仰面倒地，上位对手欲做双手扼颈，实践者双手握甩棍两端，以对手肘关节为接触点，用甩棍向对手腹胯方向猛力推送，同时起桥翻身摆脱劣势（图7-7-10~图7-7-13）。

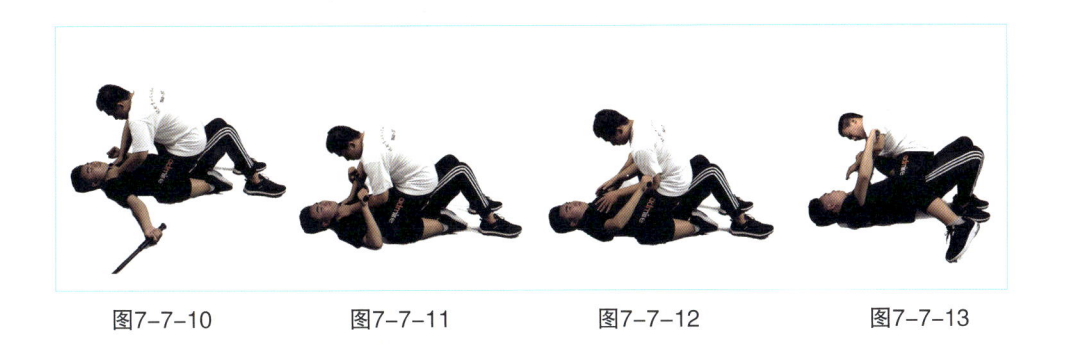

图7-7-10　　　　图7-7-11　　　　图7-7-12　　　　图7-7-13

战例二

实践者仰面倒地，上位对手用手按于实践者前胸，另外一手欲对实践者头面进行拳击，实践者双手握于甩棍两侧，纵向上摆直接攻击对手头面侧位，同时起桥翻身摆脱劣势（图7-7-14~图7-7-16）。

图7-7-14　　　　　　图7-7-15　　　　　　图7-7-16

181

战例三

实践者仰面倒地，对手位于上位对实践者进行搂抱，此时，实践者可以用手中的甩棍顺势对对手的头面或躯干进行打击（图7-7-17、图7-7-18）。

图7-7-17　　　　　　　　　　图7-7-18

第八章　特质培养训练

在前面的章节，我们着重对相关甩棍的历史革沿、技战术训练方面的内容进行了较为全面的讲解。然而，实践者对甩棍技术的施用效果不但取决于对甩棍技战术主体项目的掌握，还需要其他更多辅助特质做支持。这就如同应对考试一样，除了掌握书本教程上的基础知识外，还应该通过各种各样的训练来保证与强化基本技能的发挥运用与变通实施。

第一节　心理素质强化

人是由精神与肉体组合而成的高级智慧生命体。一旦人的精神世界有所缺失，必然会影响到实体功能的正常运转与发挥。心理素质的强化就是针对人的内心世界即精神层面而言的，此处实际上也是对实践者顽强不屈性格的培养和塑造。

我们训练甩棍的根本目的在于防身自卫——应对不法的暴力侵害。在防身自卫当中，持械对敌效率远胜过徒手对敌。如果实践者在抗暴过程中甩棍在手，而且敢于直面不法入侵者，正确运用甩棍技术，在不同的现实环境中能够做到合理地变通实施，那么险境脱困的可能性则会有极大提升。

这里我们简要讨论一下实践者甩棍正确运用与变通实施的前提，即是否敢于直面不法侵害者，这个问题我们认为大体可以总结为两个方面。

一是，实践者是否熟练掌握了甩棍的各种攻防技术，没有技术做后盾的动作的输出往往会起到事与愿违的作用，所以没有金钢钻儿不揽瓷器活儿，绝对属于明智之举。对技术技能的练习与掌握是实践者敢于运用甩棍对敌的最基础的底气所在。

二是，要有效应对外界其他因素的干扰，这里主要指的是源自社会公德和法律的模糊认知。对相关自卫法律条款不正确理解与似是而非的认知，常常会左右实践者的心智，在安防自卫上多引发犹豫不决。面对不法侵害畏手畏脚，多数情况会导致自己处处被动，结果是可想而知的。

当冲突不可避免的时候，也就注定了你无法逃脱战事。危境在前，我们最需要的是鼓足勇气直面对手，抢占先机——以攻代守，反客为主。

当不法侵害发生的时候，每个人都有自卫的权利，这种权利受到法律的保护，所以自卫行为当属于合理合法的行为。也就是说，在法律上公民具有正当防卫的权利。

正当防卫有一个限度，那就是以对方丧失伤害你的行为能力为止。只要你在对方丧失侵害能力后不再予以实施攻击，那么你此前的行为就不会构成防卫过当。至于你用于令对方丧失侵害能力的攻击的力量大小、伤害轻重，事实上国家法律并没有做出明确的规定与说明。只要在对手丧失了不法侵害能力后，你不再痛打落水狗，你此前的攻击就是合法的。

当不法侵害不可避免的时候，率先攻击同样属于正当防卫的范畴。如果一定要在不法侵害已经造成既定事实之后再实施防卫动作的话，那么这种自卫事实上已经失去了正当防卫的意义所在。当歹徒准备动手时，你就应该当机立断消除他的侵害能力。一旦歹徒发起了预定攻击，你再想遏制他就不容易了。常言道"先下手为强，后下手遭殃，"实施正当防卫尤其如此！

近年来，国家颁布的新刑法对正当防卫的法律尺度比过去放宽了许多。特别是2019—2020年，昆山反杀案、赵宇正当防卫案、丽江唐雪案等多起涉正当防卫案件引发社会热议，越来越多的群众开始树立起正当防卫意识，这三起案件还被先后写入2019年和2020年的最高检报告。

2020年9月3日，最高人民法院发布《最高人民法院、最高人民检察院、公安部关于依法适用正当防卫制度的指导意见》（以下简称《指导意见》）与七个正当防卫典型案例，细化明确了正当防卫的认定情形。

根据我国刑法规定，正当防卫的前提是存在不法侵害。对于如何具体理解"不法侵害"，此次出台的意见进行了明确——既包括侵犯生命、健康权利的行为，也包括侵犯人身自由、公私财产等权利的行为；既包括犯罪行为，也包括违法行为。

对于非法限制他人人身自由、非法侵入他人住宅等不法侵害，可以实行正当防卫。实践中关于正当防卫"时间"的争议，同样让公众充满疑惑。本次《指导意见》对此给出了答案——正当防卫必须是针对正在进行的不法侵害。对于不法侵害虽然暂时中断或者被暂时制止，但不法侵害人仍有继续实施侵害的现实可能性的，应当认定为不法侵害仍在进行。

在财产犯罪中，不法侵害人虽已取得财物，但通过追赶、阻击等措施能够追回财物的，可以视为不法侵害仍在进行。

《指导意见》同时规定，对于不法侵害是否已经开始或者结束，应当立足防卫人在防卫时所处情境，按照社会公众的一般认知，依法做出合乎情理的判断，不能苛求防卫人。

不可否认，上述这些国家对相关正当防卫法律条款的解读与指导，都给予了公民实施自卫的法律信心。所以，对于可以确定的不法行为，应尽可能大胆地放手攻击对手，"攻击是最好的防卫。"当然，如果你熟悉法律条文，知道若干案例，就会更加理直气壮，出手也会更果断。

除了反客为主首先攻击外，我们更需要拿起武器来与歹徒做斗争。

俗话说"功夫再高，也怕菜刀"。武器可以弥补自身的功力不足，也可以弥补技战术的不足，可以增强自信心与胆量，所以面对强敌——体格比你壮、技术比你好、斗志比你旺的凶悍歹徒，拿起武器绝对是你明智的选择。

武器可以改变战斗力的强弱，可以弥补兵员不足的劣势，持械可以快速清除障碍，便于流水作业，一个接一个地消灭各个目标，所以面对多数歹徒的围攻时，及时拿起武器做正当防卫是明智的选择。

要想以少胜多、以寡敌众、以弱胜强，那么，就请记住这句"拿起武器来！"

在生死关头，早一秒拿起武器来，你就可能早一秒钟脱险，多一份平安的希望；晚一秒钟拿起武器，你就有可能失去生还的机会，失去健康与生命，失去一切……

至于防身武器，比如甩棍什么的，可以提前自备以期防患未然；也可以临时找器物充当，如果条件允许也可自制。多动脑筋，你会发现身边的武器比比皆是……当然武器无限的概念有了，还需要对武器运用技术做以全面掌握，这就需要正确的技术和正确的方法进行练习了，具体技术训练请参阅本教程前面的相关章节内容。

对于实践者来说，在现实生活中最难以应付的事情是受到意外攻击或者是伏击及偷袭。因为在这类攻击之前，由于多方面的原因，实践者可能捕捉不到任何预先信号。无论你平时练过多少格斗技术，如果对方从你身后悄悄地用棍子、刀子或是其他冷兵武器进行偷袭，你可能无法做到自保。但是，如果实践者具备良好的下意识反应能力与警觉性，对于这种被偷袭情况还是有摆脱的可能性的。

实践者在遭遇突如其来的危机的时候，完全可以利用下意识应急反应来应对不测，而不是要刻意地抵抗这些反应。须知克服人类趋利避害的本能绝非明智之举，实践者所要做的应该是通过特定训练来强化这种本能。

与自然应急相对应，在人类的内心还深藏着一种更为原始的求生本能，那就是野性的搏杀本能，即在某些为生而斗的情况下，其会激发出自卫者为性命而战的勇气与精神。

形象技术（指影视类）与冥想是训练与培养发掘这种本能的主要方式，一旦自身固有的搏杀本能被唤醒，将会使得不法侵害局面发生改观，即非法暴力攻击遇到了强有力的对抗。

第二节　身体素质训练

体智健全的实践者是甩棍技术的承载体。实践者除了在心理素质上需要不断提高外，还需要在身体素质诸如力量、速度、反应、耐力、洞察力等方面加以强化，为更好地发挥技术做支持。身体素质方面的训练更多内容请各位参考一些相关的专业书籍教程或是请教一些专业人士，这里我们只介绍波比跳这种非常精简高效的徒手训练方法。

标准的波比跳由深蹲、原地跳跃与伏地挺身三个动作组成，具有整体动作相对简单、训练不占用空间的优点。另外，在做波比跳过程中，运动所募集的包括小腿肌、股四头肌、腘绳肌、臀大肌、三角肌、腹肌、胸肌、肱三头肌在内的大约人体70%的肌肉进行了参与，所以合理的波比跳训练对整身力量与灵活性的提高都是裨益良多的。

实践者身体自然直立，横步站立，双脚间距与肩同宽或稍稍大于肩宽，双脚平行向前或是微微外撇（双脚分别落到11点方向位置与1点方向位置即可）；接下来，双臂屈肘，双手置于胸前，吐气，核心区域收紧，双臂水平前伸，同时由髋关节启动把重心移至臀部，后坐，屈膝下蹲，保持上背部挺直即脊柱一线中立位。动作到位时，大腿应该平行于地面，两膝关节不应该内扣且两小腿尽可能保持与地面垂直。然后，双手撑地，身体前俯，在尽可能不拱背的情况下，双脚同时腾空后移至身体完全展开，动作到位时，整体呈直臂平板撑状，注意臀部不能沉下去；紧接着，双臂屈肘整身下沉启动伏地挺身（俯卧撑）；在伏地挺身往上撑时，双脚收至原位向上起跳；最后，身体下落，复原成起初的预备姿势（图8-2-1~图8-2-9）。

图8-2-1　　图8-2-2　　图8-2-3　　图8-2-4　　图8-2-5

第八章　特质培养训练

图8-2-6　　　　　图8-2-7　　　　　图8-2-8　　　　　图8-2-9

对于波比跳的练习，实践者可以每天安排一次时间为4分钟的高强度间歇训练即可——每做20秒波比跳，休息10秒，连续做8组。当然如果实践者在训练中，无论是动作技术规范还是规定时间内完成的次数不能达标，请大家量力而为，不要太勉强自己，毕竟循序渐进才是训练的王道所在。

第三节　基本应对模式训练

本教程前面的章节对甩棍的技战术已经讲了许多内容，为了现实的应对，是不是这些技术都需要普遍熟练掌握呢？如果实践者有时间，我们建议还是普遍掌握为好；如果实践者训练时间并不充裕，可以选择在掌握基本技术之后来完成下面的模式训练。下面的基本应对模式训练，是针对现实环境中常见的不法侵害场景而量身定做的典型应对练习，通过该训练，能够快速提高实践者在实际生活中对不法暴力入侵的应对能力。

一、应对徒手的暴力攻击

如果对手徒手攻击实践者，非常简单的应对原则就是对方用什么肢体攻击，就直接用甩棍与其肢体做正面碰撞，做到攻防同动，然后做因形就势地后续打击即可。例如，先用甩棍攻击对手的攻击手臂，对手中招后直接打击对手肋下要害（图8-3-1~图8-3-3）。

187

图8-3-1　　　　　　　　　图8-3-2　　　　　　　　　图8-3-3

当然，实践者如果甩棍没有展开，错失对对手第一次攻击的同动打击，实践者还可以在防御中做开棍动作，然后寻隙做反击。

例1　对手前手直拳进攻，实践者用持握闭合的甩棍手扫拢防御对手的攻击，然后上步用非持械手做封手控制，同时展开甩棍，最后做对敌人头面打击（图8-3-4~图8-3-7）。

图8-3-4　　　　　图8-3-5　　　　　图8-3-6　　　　　图8-3-7

例2　针对对手的一二连拳攻击，实践者用非持械手连续做左右扫拢防御，同时展开甩棍，从对手后手外侧对其实施打击（图8-3-8~图8-3-11）。

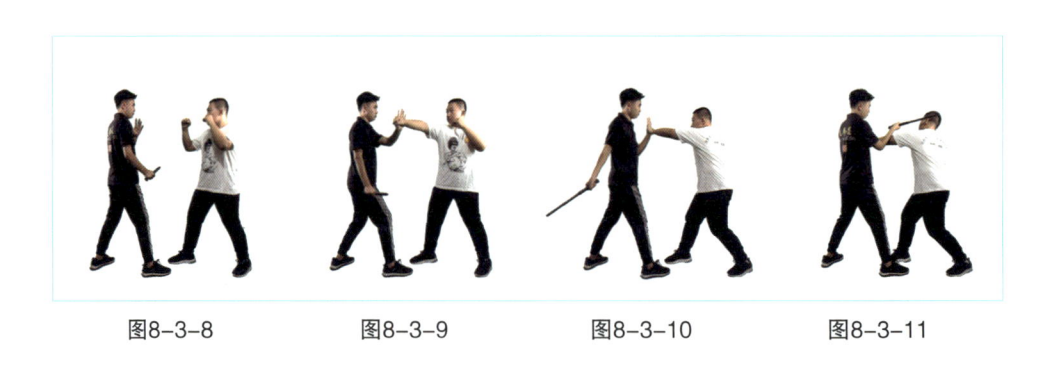

图8-3-8　　　　　图8-3-9　　　　　图8-3-10　　　　　图8-3-11

例3 实践者在闪让对手的攻击中展开闭合的甩棍，然后因形就势攻击对手的肋下（图8-3-12~图8-3-14）。

图8-3-12　　　　　　图8-3-13　　　　　　图8-3-14

当然情况允许，实践者也可以首先直接向对手发起主动进攻，此所谓先下手为强。例如，实践者主动用甩棍攻击对手正面中线要害，然后在对手中招之后顺势对对手的脖颈做缠锁，制服对方（图8-3-15~图8-3-19）。

图8-3-15　　图8-3-16　　图8-3-17　　图8-3-18　　图8-3-19

二、应对冷兵的暴力攻击

如果遇到对手持武器的攻击，我们建议直接采用"杀手"原则，在攻防同动中先斩杀对手的持械手，然后再做重击杀其身。除了防反战术应用外，实践者更可以在对手启动攻击前抢先发动攻掠，打对方个措手不及。需要特别指出的是，对歹徒的持械攻击绝对不能心慈手软，一旦战斗不可避免，以暴制暴原则一定要落实贯彻到底。

1. 应对短刀攻击

对手持短刀类冷兵攻击实践者，实践者在遵循杀手原则的前提下可以做承接式渐进攻击。承接就是杀手，然后在此基础做深入攻击。当然这些内容在前面章节中已经讲过，之所以在本章重复再三，就是因为这个内容相当重要。

（1）应对对手的短刀挥击，实践者既可以从对手的持刀外侧（图8-3-20~图8-3-24），也可以从对手的持刀内侧进行杀手式应对，得手旋即做深入打击（图8-3-25~图8-3-28）。

图8-3-20　　　　图8-3-21　　　　图8-3-22　　　　图8-3-23

图8-3-24　　图8-3-25　　图8-3-26　　图8-3-27　　图8-3-28

（2）如果对手持短刀做中盘直刺攻击，实践者可以稍稍后移让位，同时用挂拨打击对手的持刀手臂，令其攻击易位，然后上步做封手攻击，重击对手（图8-3-29~图8-3-32）。

图8-3-29　　　　图8-3-30　　　　图8-3-31　　　　图8-3-32

2. 应对砍刀攻击

应对砍刀攻击仍然遵循杀手原则，实践者可以从对手持械手侧面做破坏性承接（图8-3-33~图8-3-35），然后接继深入打击。

图8-3-33　　　　　　图8-3-34　　　　　　图8-3-35

如果不能做到对对手持械手臂的首次接触杀手攻击，接触防御后一定要做封手攻击，即要限制对手冷兵的后续运用（图8-3-36~图8-3-40）。

图8-3-36　　图8-3-37　　图8-3-38　　图8-3-39　　图8-3-40

3. 应对长器械攻击

长器械相对短器械而言，攻击距离远，但动作幅度大，易于识别。针对长武器的挥击攻击，实践者可以采用让位攻击（图8-3-41~图8-3-43）与直线刺击（图8-3-44~图8-3-46）的形式予以应对，当然，让位攻击与直线刺击这些内容我们已经在前面章节做了详细讲解，这里我们主要是把这些战术落实到应对长器械攻击上。

神兵利器 截拳道概念甩棍权威教程

图8-3-41　　　　　　　图8-3-42　　　　　　　图8-3-43

图8-3-44　　　　　　　图8-3-45　　　　　　　图8-3-46

　　如果对手持长器械做直刺攻击，由于对手的武器较长，实践者用杀手攻击可能不太现实，即只能是挂拨或扫拢到对手的进攻武器，这个时候，实践者应该采用封手攻击，控制对手的前手，限制对手对武器的使用，进而做深入攻击（图8-3-47~图8-3-50）。

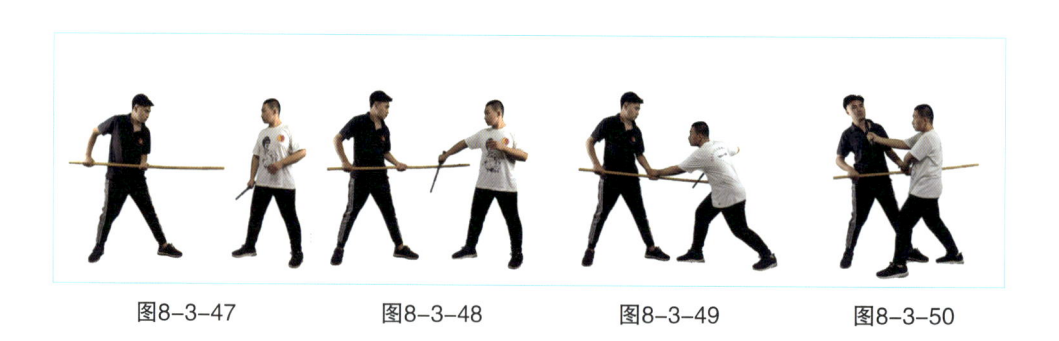

图8-3-47　　　　图8-3-48　　　　图8-3-49　　　　图8-3-50

补遗

此书已经达到警用器械专业教材水平

王亚为

2015年6月1日，国务委员、公安部党组书记、部长、全面深化改革领导小组组长郭声琨在主持召开的公安部党委会议暨部全面深化改革领导小组第九次(扩大)会议上强调，各级公安机关要大力推进基础信息化建设和警务实战化建设，着力完善与推进国家治理体系和治理能力现代化相适应的现代警务运行机制，积极推动构建标本兼治、综合治理的公共安全体系，进一步提高公安机关维护国家安全和公共安全的能力水平。

郭部长同时还强调，全国各级公安机关要把"四项建设"作为基础性、全局性、战略性工程，科学谋划、精心组织、加强研究、积极探索，扎扎实实地把这些打基础、管长远、利全局的工作抓紧抓好，力争"每年有进步、三年大提升"。

在"四项建设"中，警务实战化建设是一个全新的命题，也是一项十分重要而紧迫的任务。如何推进警务实战化建设，是当前各级公安机关特别是城市公安机关必须认真研究的重大课题。

警务实战化建设不是一句空话、一句口号，而是要落实在行动上和具体的工作之中。大力推进警务实战化建设，重点在基层，关键在基层。郭声琨部长指出："常态实战是公安机关不同于一般行政机关的最大特点，实战水平高低是检验公安机关战斗力的根本标准。要坚持战斗力标准，着眼'打得赢'目标，大力推进警务实战化建设，努力做到打击更加有力、防范更加严密、应对更加有效。"

《神兵利器 截拳道概念甩棍权威教程》在实际对抗技击方面已经达到警用器械专业教材的水平。在培养对象方面能够为公安基层警务服务，在教学设置上符合公安工作和队伍建设的重要战略思想。根据公安部的相关要求，确保公安队伍"拉得出、追的上、打得赢"，结合公安队伍面临的新挑战及工作任务，警务教材建设正是大力推进警务实战化建设的典型例证，现就警务器械之伸缩警棍教学教材实施方案为例做以下补充说明。

一、指导思想

以公安部有关部门研究制定的《公安特警队装备配备标准》《公安特警队训练大纲》要求为指引，牢牢把握特警队伍"首战用我，用我必胜"的使命精神，以突出实战性和实用性特点，围绕提高特警队员的政治素质、业务素质、体能素质，强化纪律作风养成和执法为民意识开展教学与训练，形成一股"比、学、赶、超"积极向上的警队正气，夯实特警队员的基本功，提高特警队反恐、防爆、突出能力，彰显特警本色。

二、实践训练

实践训练的原则是需要运用到处理突发事件类训练中去。训练目的在于加强警员间的磨合，提高警队伍应急、快速反应和合成作战处置突发事件的综合能力。具体训练内容如下：

（1）贴近实战任务训练。针对群体性突发性事件、暴力恐怖事件发生的时机、背景与要求，总结特点规律，做好实战演练训练，提高警员维护社会稳定、处置突发事件、反恐防暴的能力。

（2）贴近现场环境训练。针对各类群体性突发性事件、暴力恐怖事件的特点，对警员进行全过程、全时域、全建制、全课题训练，重点练分工、练协同、练保护。

（3）贴近犯罪对象训练。设置模拟训练条件，找准与犯罪分子对抗中的强弱点，实现"以我之长，击敌之短"的目标训练。

通过伸缩警棍推进训练实战化，就是要强化、固化近年来公安机关战训合一等勤务训练模式，真正把课堂搬到现场。通过认真研究把实战引进课堂，推动勤务训练与警务实战有机融合、高度统一。按照"仗怎么打、兵就怎么练"的原则，大力加强战略战术战法演练和实战技能培训，使训练全面对接实战、无缝融入实战、不断增强实战本领。要坚持面向实战、讲究实用、注重实效的"三实"原则，牢固树立"平时多流汗，战时才能少流血"的理念，通过学习伸缩警棍合理使用在执法执勤等方面实行集中强化训练，增强克敌制胜的本领。定期或不定期地开展不同类型、不同级别的警情模拟实战演练，提高快速反应和现场应急处置能力。同时，根据演练中发现的不足，及时修改预案，切实提高与实战的衔接水平。

> 这本书已经达到了警用伸缩警棍专业教程水平，相信它一定能成为军警及相关执法人员训练实践中非常有指导意义的一本教科书。

王亚为，现任中国人民公安大学警体战训学院警察防卫与控制教研室副教授；主演电影《神鞭》；中国国家拳击队首任队长；第一位在国际比赛中战胜外国选手的中国队员；全国武术散打及拳击双重冠军获得者；多次获得国际拳击A级赛奖牌；武警部队八次二等功获得者；原国家拳击集训队教练；国家级拳击裁判。

后　记

李永坤

　　断断续续地从事武术这个行业已经有近三十年的时间了。之所以用断断续续来限定时间，就是因为我做这行业在经济上没有多大的收益回报，更多的是赔钱或倒贴，在困难的时候就要停下来，待生活有所好转再续而为之。当然，这期间也出现过断了武术的念头。不过，始终自己还是说服不了自己，就这样一直延续下来了。对于武术的投入，无他，皆因喜欢，所以挚爱。

　　做《甩棍教程》选题的想法可以说是由来已久，早在多年前就有一些朋友给过我建议。但是那个时候，对完整的甩棍概念及其技理知之甚浅，根本没有什么系统性内容可言，充其量就是一些简单应用的技法而已，所以不存在成书的可能性。随着时间不断的推移，相关知识与体认的不断积累，这本甩棍教程的整体轮廓从模糊状态逐渐清晰起来。然而这之后，又出现了一个令人特别头疼的纠结，即甩棍在国内属于管制器具，民间人士能不能出版这样一本"专业"的书籍呢？于是我向一些专业从事法律工作和军警相关工作的朋友沟通请教，最后终获肯定的答案——法律主要是用来约束人的行为的，而不是对学术的制约。律法上对一些器具物品的管制，实则是对社会个体行为的约束。甩棍就如同短刀匕首一样，民间习练者大有人在，只要遵纪守法是没有问题的，况且书籍的出版是有利于专业人员和民间习练者参考和借鉴的。

　　这本教程最终的成书出版是众人努力的结果。在作者团队中，姚冀涛先生是最值得提及的。姚先生对武术非常喜欢，对于甩棍的研究曾达到过痴迷的程度。为了这本教程的出版，姚先生投入了大量的时间和精力，如长达五六年的资料搜集整理和潜心研究。这些工作都是常人所不能及的，而且他不计名利。用他的话说，自己从事的本职工作和武术不存在一毛钱的关系，就武术来说自己最多是一个资深票友。姚先生这种无私谦逊的品质，实在值得敬佩。这本甩棍教程的编写，如果没有姚先生的参与，我认为定然是一个"残次品"。

神兵利器 截拳道概念甩棍权威教程

　　马国顺老师是作者团队中唯一的专业人员——湖南警察学院警体教官。马老师是一个非常务实的人，立足现实，为社会带来正能量，在他身上得到了充分体现。马老师主导的湖南省青少年、儿童散打搏击比赛开展得非常好，一直保持着健康持续发展态势。此次，马老师能够加入到我们这个民间团队中来，是我们的荣幸，也是这本书的品质保证。

　　这本《神兵利器　截拳道概念甩棍权威教程》是乔峰·健安体系丛书的第三本，由人民体育出版社出版发行。服务读者、注重学术，是人民体育出版社编辑们所具备的工作态度；工匠精神、打磨精品，是他们所追求的出版价值。在此，对于出版社编辑和相关工作人员的辛勤付出表示衷心的感谢。

　　最后，我要感谢我的几位恩师，河南竹林李紫剑先生、河北唐山邓福明先生及已故的美国理查德·巴斯蒂罗先生和河北霸州李凤澡先生，正是这些前辈的教育栽培，才成就了我个人的进步和不断成长。此外，还要感谢河北体院的张忠新先生、国防科技大学的丁勤德教官、北京市监狱管理局的赵志强警官、广州市直机关的张立学老师、中国人民公安大学警体战训学院警察防卫与控制教研室副教授王亚为先生，以及石家庄市公安局李斌警官、江西萍乡彭勇律师等师长、朋友，感谢大家在本书出版中给予的莫大支持和帮助。

　　无论是本书的作者、出版社，还是读者及其他与本书相关的老师、朋友，都是因为对武术的喜爱，才有缘聚到一起，共同关注这本《神兵利器　截拳道概念甩棍权威教程》。由衷地希望这本教程能够为读者拓宽视野，促使大家在彼此尊重前提下，在相互学习的氛围中，通过交流研讨，取长补短，获得提高。

　　诚所谓，行道之人，不愁同路。

　　因为喜欢，所以相遇。

　　是为后记。